Dans la même collection

Le plaisir des mots
Le livre de tous les pays
Le livre de la Bible
(Ancien et Nouveau Testament)
Le livre de la mythologie grecque
et romaine
Le livre des religions
Le livre des animaux sauvages
Le livre des sports

1 Le livre des fleurs
2 Le livre de la tour Eiffel
3 Le livre de la peinture
et des peintres
4 Le livre des découvertes
et des inventions
5 Le livre de l'hiver
6 Le livre de l'automne
7 Le livre du printemps
8 Le livre de l'été
9 Le livre des marins
10 Le livre de mon chat
11 Le livre de la montagne
12 Le livre du ciel
13 Le livre de tous mes amis
14 Le livre de tous les jours
15 Le livre du cheval
16 Chansons de France /1
18 Le livre des premiers hommes
19 La mode à travers les siècles
20 Le livre des maisons du monde
21 Le livre des arbres
22 Le livre des oiseaux
23 Le livre des bords de mer
24 Le livre de la langue française
25 Le livre de l'histoire de France
26 Le livre de tous les Français
27 Le livre des trains
29 Chansons de France
et d'ailleurs
30 Le livre du fleuve
32 Le livre du corps
34 De bouche à oreille
35 Chansons de France /2
36 Les uniformes militaires
37 Le livre des grands voiliers
38 Le livre des fous volants
39 Le livre de la forêt
40 Le livre des champignons
41 Le livre des conquérants
42 Le livre du livre
43 Le livre des déserts
45 Le livre des conquérants
de l'espace
47 Le livre des amphibiens
et des reptiles
48 Le livre des as et des héros
49 Le livre du chien
50 Le livre des navigateurs
51 Le livre du café
52 Le livre des instruments
de musique
53 Les costumes traditionnels
54 Le livre des pilotes de l'enfer
55 Le livre des mammifères marins
57 Le livre des explorateurs
58 Le livre des animaux
domestiques
59 Le livre de Paris /2
60 Le livre des insectes
62 Le livre de la préhistoire
65 Le livre de l'aventure humaine
66 Le livre des marchands
67 Le livre de la ville
69 Le livre des fêtes
70 Le climat de notre planète
71 L'eau de notre planète
72 Les forêts de notre planète
73 Les déchets sur notre planète
74 Se nourrir sur notre planète
75 Les animaux de notre planète
76 Les trésors de notre sous-sol
77 L'énergie sur notre planète
78 Le livre de Paris

1er dépôt légal: octobre 1988
Dépôt légal: décembre 1996
N° d'édition: 80465
ISBN 2-07-059400-9
Loi n. 49-956 du 16 juillet 1949 sur les publications destinées à la jeunesse
Imprimé par la Editoriale Libraria en Italie

LE LIVRE DES INSTRUMENTS DE MUSIQUE

COLLECTION DECOUVERTE CADET

Claudine et Roland Sabatier

GALLIMARD

Lors, je vis là tout en cerne :
Vièle, rubele, guiterne,
Leüt, morache, michanon,
Citole et le psalterion,
Harpe, tambour, trompes,
naquaires,
Orgues, cornes plus de dix
paires,
Cornemuses, flajos, chevrettes,
Douceines, simbales, clochettes,
Tymbres, la flaüstre brehaigne
et le grand cornet d'Alemaignes,
Flajos de sans, fistule, pipe,
Muse d'Aussay, trompe petite,
Busine, élès, monocorde
où il n'a qu'une seule corde,
Et certainement il me semble
Qu'oncques mais tele melodie
Ne fut veue ne oïe.

G. de Machaut

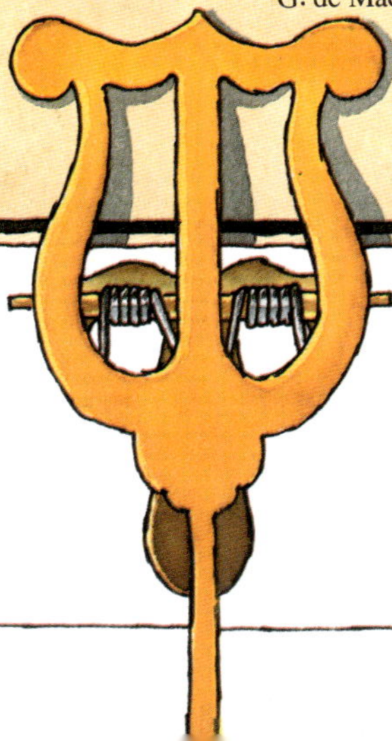

CE LIVRE APPARTIENT A

Sommaire

Suivant le système de production du son, on classe les instruments de musique en trois grands groupes : les vents, les cordes, les percussions. Ils sont encore subdivisés suivant leur matière (bois, cuivre) ou la manière dont on en joue (cordes pincées, cordes frottées). Certains instruments font partie de deux groupes à la fois, ainsi, le piano est un instrument à cordes et de percussion.

On préfère aujourd'hui classer les instruments en cinq grands groupes : les **aérophones** (à colonne d'air vibrante : bois et cuivres); les **cordophones** (instruments à cordes); les **membranophones** (à membrane vibrante : les tambours); les **idiophones** (c'est l'instrument lui-même qui vibre : cloches); les **hémi-idiophones** (accordéons et certains tuyaux d'orgue).

Le corps et la mélodie

Le son se produit quand les cordes vocales se tendent.

Les cordes vocales ressemblent un peu à des lèvres et fonctionnent comme celles-ci lorsqu'on siffle : un autre moyen de produire une mélodie sans instrument.

La voix

Le premier de tous les instruments de musique c'est, bien sûr, la voix. Les sons de la voix sont produits par la glotte située dans la gorge. Le mot glotte, d'origine grecque, signifie anche. Le corps humain est un instrument à vent : l'air des poumons fait vibrer les anches doubles que sont les cordes vocales, et le son est amplifié par la cage thoracique pour la voix de poitrine (grave) ou par la cavité buccale pour la voix de tête (aiguë).

Dans les chorales, on classe les voix des plus basses aux plus aiguës : basse, baryton et ténor pour les hommes ; contralto, mezzo-soprano et soprano pour les femmes.

Les chorales sont les plus anciens des orchestres ; ainsi, la maîtrise de Notre-Dame de Paris chante depuis le VIIe siècle !

Le corps et le rythme

Les pieds

Avec son corps, l'homme peut accompagner le chant par divers procédés rythmiques : le claquement des chaussures du danseur de claquettes, celui des galoches des danseurs de bourrée, la marche au pas des militaires.

Les mains

Les musiciens de jazz marquent les contretemps en claquant des doigts. Au Tyrol, on pratique la claque sur les fesses (recouvertes de culottes de peau pour une meilleure sonorité).

Dans tous les pays, on frappe ses mains l'une contre l'autre pour marquer la cadence. Le morceau terminé, on frappe dans les mains pour applaudir.

Il a dû m'enchanter le cœur
Il a joué de mon bonheur
Sur l'air que prenaient en majeur
Les musiciens
Et mon amour marchait en chœur
Au rythme des battements de cœur
Je n'ai pas vu passer les heures
Jusqu'au matin

Louis Aragon

Le pied de nez musical

Les petites musiques de la nature

La nature est pleine de musiques : celles du vent dans la ramure, du ruisseau sur les cailloux, de la grive musicienne, de la grenouille, de la sauterelle... Les plantes, pour peu qu'on sache les choisir, deviennent, elles aussi, des instruments de musique :

1/Une herbe : la tendre entre les pouces, puis souffler. Les mains font caisse de résonance.

2/Une feuille de lilas ou **de laurier** : la rouler, le dessous à l'extérieur, et souffler.

3/Une fleur de silène du bord des chemins : la faire éclater sur le dos de la main.

4/Un pétale de coquelicot : judicieusement posé sur la main, si on le frappe, il produit une détonation.

En mai, quand le chant clair des rossignols s'élève dans le vert buisson, il me faut faire un flageolet ; je le ferai d'une branche de saule car je dois chanter l'amour et porter un chapeau de fleurs pour me distraire et m'amuser : on ne peut pas toujours perdre son temps.

Colin Muset

5/Sifflet de noisetier : au printemps, on peut fabriquer des sifflets en noisetier. Pour cela, il faut décoller l'écorce en tapant avec le manche d'un couteau. Ensuite, il faut tailler le bois comme ci-contre.

6/Clarinette en paille : avec une paille de blé mûr ou, mieux, de seigle, on fabrique une anche. En perçant des trous avec un fer rouge ; on obtient une «clarinette» qui joue de vrais airs. On peut aussi utiliser une tige de fleur de pissenlit.

7/Maracas : il suffit de faire sécher au soleil des coloquintes, et de les secouer : «tchic a tchica».

8/Noyau chanteur : on perce un noyau de cerise et on le vide à l'aide d'un fil de fer. On souffle avec une paille sur le trou et le noyau chante !

Les jouets musicaux

1/Lapin mécanique : il joue du tambour quand on le fait rouler.
2,3/Rhombe : connu depuis les temps préhistoriques, il produit un vrombissement quand on le fait tournoyer au bout de sa ficelle.
4/Sifflet oiseau : il fonctionne selon le même principe.
5/Toupie vrombissante
6/Hochet de bébé
7/Hochet : on secoue des cailloux dans ses mains.
8/Poussin tricoté et rempli de coton : quand bébé le manipule, les billes de verre produisent un pépiement.
9/Papier de soie sur un peigne : on fredonne contre le papier de soie pour imiter la cornemuse.
10/Mirliton : il fonctionne selon le même principe.
11/Vache des Alpes
12/Camembert à musique

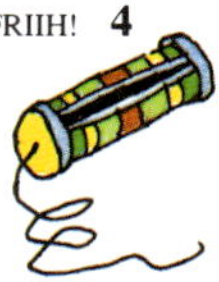

Guerli Guerlo, combien j'ai de sous dans mon sabot ?

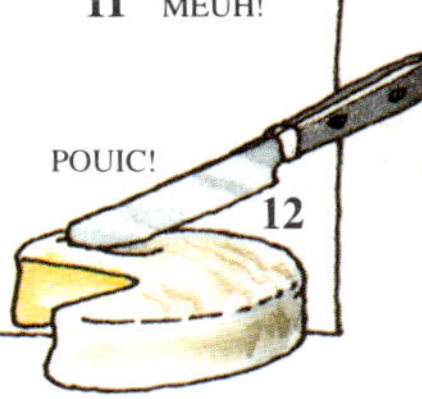

1 COUAC!

Les appeaux

2 TRI-TRI!

3 CHRERR!

4 TCHICHÉDDÉDDÉ!

5 GRECK-GRECK!

6 KACH-KACH!

7 COIN-COIN!

Les appeaux sont de petits instruments de musique qui servent aux chasseurs à imiter le chant des oiseaux afin de les attirer. Rien n'empêche d'en jouer pour le plaisir d'observer les oiseaux et de dialoguer avec eux.

Il existe des appeaux de toutes sortes et de toutes matières. Pour les utiliser efficacement, il faut bien connaître le chant à imiter et surtout son rythme.

1/Faisan : sifflet
2/Alouette : noyau d'abricot percé de deux trous et dans lequel on souffle.
3/Grive : vis que l'on tourne et qui grince.
4/Coq de bruyère : sifflet
5/Bécassine : soufflet que l'on tapote dans la main.
6/Perdrix : boîte de conserve fermée d'une peau traversée par une ficelle.
On produit le son en tirant la ficelle avec les doigts humides.
7/Canard : appeau dans lequel on souffle

La baguette du chef d'orchestre

Jean-Baptiste Lully (1632-1687) se frappa le pied avec son bâton de direction et mourut de la gangrène.

Comme celle du prestidigitateur, la baguette du chef d'orchestre est magique. C'est elle qui fait parler tous les autres instruments.

La baguette moderne, qui date du XIXᵉ siècle, est un petit bâton de bois clair que les musiciens peuvent distinguer sur le fond obscur de la salle.

Il n'en a pas toujours été ainsi : le chef d'orchestre dirigeait jadis armé d'une lourde canne dont il frappait le sol pour marquer la mesure.

Par la suite, on dirigea le plus souvent avec un archet de violon ou, pour la musique militaire, avec une canne de sergent major.

Sergent – major et sa canne

C'était un allégro
La musique était si gaie
que le chef d'orchestre là-haut
sur son estrade en bois faisait
à l'entresol des entrechats
en chantonnant à demi-voix
do si la sol ré la mi fa
pom pom pom pom ta ta ta ta
Et tous les archets
suivaient la baguette
et tous les pieds
et toutes les têtes.

Jacques Charpentreau

Les accessoires de la musique

1/Métronome
2/Diapason

Le diapason

Une note est définie par sa hauteur et sa durée. Pour connaître sa hauteur, on la compare à la note témoin du diapason, petite fourche d'acier, qui, quand on fait vibrer ses branches, donne le *la* de la deuxième corde du violon.

Il permet donc d'accorder les violons et tous les instruments à cordes. Les chefs de chorale s'en servent pour indiquer la note d'attaque. Il a été inventé en 1711 par l'Anglais John Shore.

Le métronome

La durée des notes est contrôlée, elle, par le métronome : c'est cette petite pyramide en bois que l'on pose sur le piano à côté du buste de Beethoven, et dont le clic-clac donne la mesure.

A la chapelle Sixtine, au XVe siècle, on battait la mesure avec un rouleau de papier qu'on appelait «sol-fa». C'est de là que nous vient le mot solfège.

Le pupitre sert à porter les partitions. Dans les églises, on l'appelle lutrin. Le nom de pupitre désigne aussi l'ensemble des musiciens qui jouent d'un même instrument.

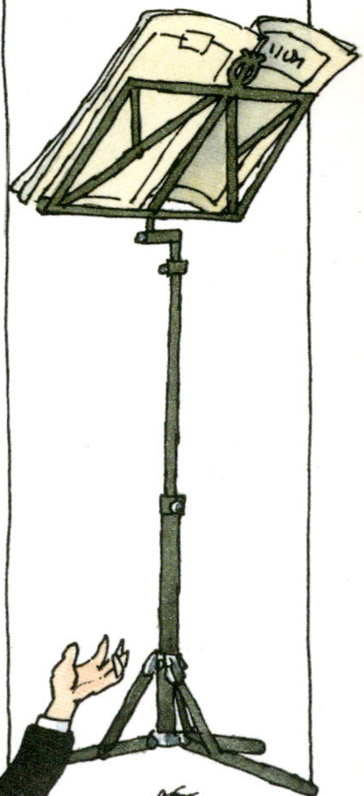

L'orchestre symphonique

C'est au XIXe siècle, à l'époque romantique, que s'est à peu près fixée la composition de l'orchestre symphonique - en grec, symphonique signifie : qui sonne ensemble.
L'orchestre symphonique, c'est l'instrument du compositeur qui joue de ses masses, de ses timbres et de ses rythmes.
Le nombre des exécutants est variable, mais un orchestre équilibré comprend toujours un minimum de musiciens par pupitre, en dessous duquel certaines œuvres du répertoire ne pourraient être interprétées. Pour des raisons acoustiques et pour faciliter la direction, les différents pupitres ont leur place assignée.

LES CORDES
On appelle quintette l'ensemble des cordes composées de :
1/ Premiers violons (6 à 15)
2/Deuxièmes violons (6 à 15)
3/ Altos (6 à 12)
4/ Violoncelles (6 à 12)
5/ Contrebasses (4 à 8)

Je me souviens que, dès les premières mesures, je subis une de ces impressions heureuses que presque tous les hommes imaginatifs ont connues, par le rêve, dans le sommeil. Je me sentis délivré des liens de la pesanteur et je retrouvai par le souvenir l'extraordinaire volupté qui circule dans les hauts lieux.

Charles Baudelaire

LES VENTS
Avec les percussions, ils forment l'harmonie. On les subdivise en **bois** et **cuivres** :

Bois
6/ Piccolo (1)
7/ Flûtes (2)
8/ Hautbois (2 ou 3)
9/ Cor anglais (1)
10/ Clarinettes (3)
11/ Clarinette basse (1)
12/ Bassons (3)
13/ Contrebasson (1)

Cuivres
14/ Cors (2 à 4)
15/ Trompettes (2 à 4)
16/ Trombones (2 ou 3)
17/ Cors wagnériens (1 à 4)
18/ Tuba (1)

LES PERCUSSIONS
aussi appelées la batterie :
19/ Timbales (2 ou 4)
20/ Grosse caisse (1)
21/ Caisse claire (1)
22/ Cymbales (2)

A cet orchestre de base s'ajoutent des instruments complémentaires :
23/ Harpes (1 ou 2)
24/ Piano ou c lesta

Pour l'exécution d'un *concerto*, le soliste se place à la gauche du chef d'orchestre.

Le sifflet

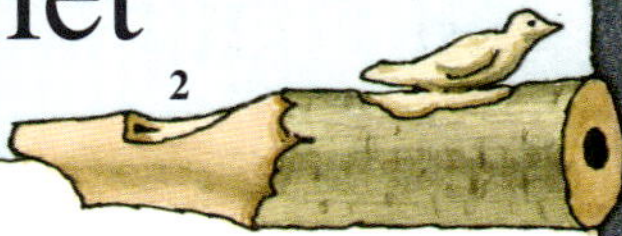

Le plus simple des instruments à vent est sans doute le **sifflet**. Le son est produit par le souffle du musicien, dirigé par un conduit sur un biseau.

Le sifflet peut ne produire qu'une note, ou deux notes s'il est muni d'un trou supplémentaire : en bouchant le trou ou en le débouchant, on imite le chant du coucou.

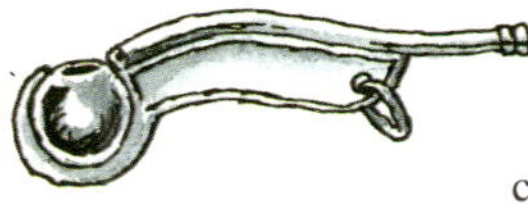

Sifflet de bosco. Il servait à commander les manœuvres dans la marine à voile.

Si l'on allonge le corps de l'instrument, en le perçant de trous judicieusement disposés, on peut jouer de vrais airs. Le sifflet s'appelle alors **pipeau** ou **flageolet**, instrument aux possibilités étonnantes malgré sa simplicité.

1/ Sifflets
2/ Sifflet «coucou»
3/ Pipeau
4/ Tin whistle (flageolet irlandais)
5/ Flûte double yougoslave
6/ Sifflet brésilien à deux notes. Sert à rythmer la samba.
7/ Ocarina. Inventé en Italie à la fin du XIXe siècle.
8/ Sifflet à roulette de l'agent de police

La flûte de Pan

Chacun sait qu'on peut produire un son en soufflant dans le goulot d'une bouteille et que le son change avec la taille de la bouteille.

C'est sur ce principe que repose la **flûte de Pan**, qui doit son nom au dieu des bergers dans la mythologie grecque. La flûte de Pan est un instrument universel que l'on retrouve sur tous les continents et à toutes les époques. On en a fabriqué en terre cuite, en bois ou en métal, mais le plus souvent elle est faite, comme dans la légende, de roseaux ligaturés ensemble. C'est en Roumanie et en Bolivie que l'on rencontre les plus grands virtuoses.

Syrinx est aussi l'autre nom de la flûte de Pan, ainsi que l'organe du chant chez les oiseaux.

Viens ! - Une flûte invisible
Soupire dans les vergers. -
La chanson la plus paisible
Est la chanson des bergers.

Victor Hugo

Le dieu Pan était si laid, avec ses cornes et ses pieds de chèvre, qu'il faisait fuir ceux qui le rencontraient.
Il était amoureux d'une nymphe d'Arcadie nommée Syrinx qui, pour lui échapper, se transforma en roseau. Pan, qui ne pouvait l'oublier, coupa ce roseau en tubes de longueurs différentes et les assembla pour fabriquer une flûte. De cet instrument, il tira les notes tristes qui exprimaient son désespoir.

Le dieu Pan et sa flûte

La flûte

Comme pour le sifflet, le son de la flûte est provoqué par l'arrivée de l'air sur un biseau. Suivant les cas, cet air est dirigé par un conduit – flûtes à bec – ou directement par les lèvres du musicien – flûtes traversières.

Quel que soit le matériau dont elles sont constituées, les flûtes sont rangées parmi les bois.

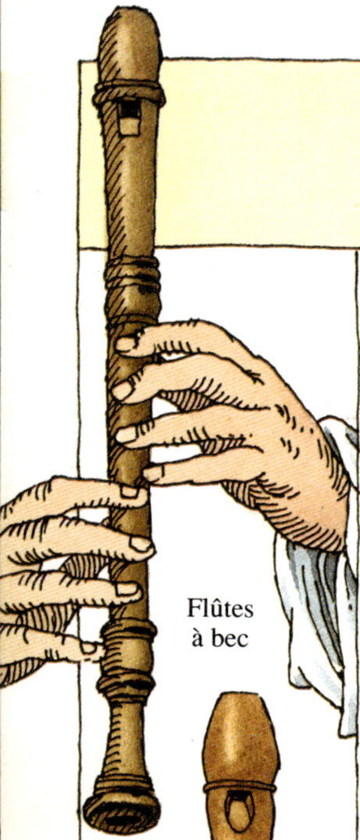

Flûtes à bec

La flûte à bec ou flûte douce

La flûte à bec est souvent utilisée pour initier les enfants à la pratique instrumentale. C'est un instrument d'accès facile, qui offre de grandes qualités de timbre et de justesse. On ne peut guère lui reprocher que son manque de puissance.

Les flûtes scolaires en plastique diffèrent bien peu de leurs ancêtres en bois ou en ivoire de la Renaissance. A l'époque baroque, on donnait des concerts de flûtes à bec, des plus aiguës aux plus graves : sopranino, soprano, alto, ténor, basse, contrebasse.

Flûte basse Renaissance. A cette époque, on jouait avec la main droite indifféremment en haut ou en bas. L'air est conduit à la flûte par un «bocal».

Embouchure de flûte traversière en ébène

La flûte traversière

Elle doit son nom à la façon dont on la tient : en travers.

C'est sans doute le plus vieux et le plus universel des instruments mélodiques. A l'origine fabriquée en bois, elle sonnait un peu faux jusqu'à ce que Hotteterre, flûtiste de Louis XIV, la perfectionne. Mais c'est Theobald Böhm qui, vers 1830, mit au point la flûte moderne : il la dota d'un système de clés qui facilitait le doigté et améliorait la justesse et la puissance. C'est lui aussi qui construisit les premières flûtes métalliques.

Le **fifre** est une petite traversière à une seule clé.

Le **piccolo** joue à l'octave au-dessus de la flûte.

La sonorité pure de la flûte lui a valu la réputation de posséder des pouvoirs magiques. La légende du *Rattenfänger* raconte que la musique du joueur de flûte lui permettait de mener se noyer les rats… et même les enfants !

Mozart, en écrivant *La Flûte enchantée*, a illustré la magie de la musique et de cet instrument.

La flûte d'orchestre est en maillechort ou en argent. Elle est percée de treize trous commandés par des clés ou directement par les doigts.

L'orgue

Orgue Renaissance de l'église de Sion

L'orgue était déjà connu des Grecs et des Romains.

L'orgue présente la particularité d'être masculin au singulier et féminines au pluriel.

L'orgue est un instrument à vent, une sorte de grande flûte de Pan. L'air, fourni par une soufflerie, anime par l'intermédiaire de claviers tel ou tel tuyau sonore.

Les grandes orgues peuvent compter plusieurs milliers de tuyaux qu'on sépare en deux catégories selon le système de production du son : les tuyaux à biseau et les tuyaux à anche.

De tout temps, les facteurs d'orgues ont tenté de multiplier à l'infini les sonorités et les timbres par l'emploi de matériaux métal, bois , ou de formes diverses tuyaux ouverts, bouchés, cylindriques, coniques, etc.

L'orgue présente au moins trois claviers : deux claviers manuels qui commandent, l'un, le grand orgue, l'autre, le récit. Un clavier, dont on joue avec les pieds, qui commande le pédalier jeu de gros tuyaux en bois.

Les orgues étaient jadis alimentées en air par des soufflets manipulés par des aides. On utilise aujourd'hui des souffleries électriques.

Sainte Cécile jouant d'un orgue portatif

L'orgue majestueux se taisait gravement
Dans la nef solitaire;
L'orgue, le seul concert, le seul
gémissement
Qui mêle aux cieux la terre!

Victor Hugo

L'organiste choisit les séries de tuyaux qu'il fera sonner parmi un éventail de jeux plus ou moins riche selon l'instrument.
Des tirettes lui permettent de sélectionner un ou plusieurs jeux. Parmi ceux-ci :
Tuyaux ouverts : montre, flûte prestant, doublette, contrebasse, diapason, piccolo, flûte octaviante, gambe, salicional, violoncelle, voix céleste.
Tuyaux bouchés : bourdon, flûte bouchée, quintaton.
Jeux à anches : hautbois, basson, musette, clarinette, voix humaine, trompette, bombarde, tuba.
Jeux de mutation : nasard, tierce, larigot, cornet, plein jeu.

L'orgue est un ensemble de flûtes - tuyaux à bouche (**1**) - et de clarinettes - tuyaux à anches (**2**).

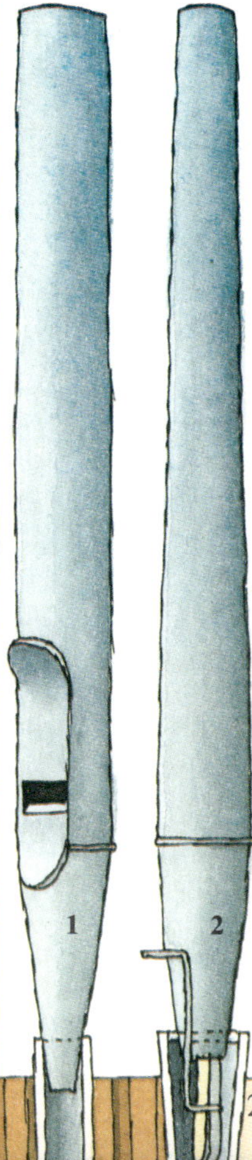

Les anches simples

L'orgue à bouche chinois. Une anche anime chacun de ses tuyaux. Elle vibre lorsque l'on bouche le trou, empêchant ainsi l'air de s'échapper.

L'harmonium, Comme le guide-chant, c'est une sorte d'accordéon à clavier.

On appelle anche une lamelle de roseau ou d'acier qui vibre au passage de l'air en produisant un son. Il en existe de deux types : les anches simples, et les anches doubles (voir p. 32). Les anches simples se subdivisent elles-mêmes en anches battantes et en anches libres.

L'anche battante

On fabrique une anche battante en entaillant un roseau ou une paille et en levant une languette comme on l'a vu page 13. Quand on prend l'anche dans la bouche et qu'on souffle, la lamelle vibre et vient battre contre les bords de l'ouverture. On peut aussi ménager dans le tuyau sonore une ouverture et rapporter sur celle-ci une languette qu'on ligature en place de manière à la boucher presque exactement - clarinette, saxophone. Les anches sont très fragiles, aussi faut-il les changer souvent.

L'anche libre

Si la languette peut vibrer de part et d'autre de l'ouverture, on a une anche libre, comme celles des accordéons, des harmonicas et des orgues qui sont en laiton ou en acier.

L'harmonica
Une anche vibre quand on souffle, une autre quand on aspire.

L'accordéon qui tant est tendre
et rauque inexorablement…

Francis Carco

Les instruments de la famille de l'accordéon ont été inventés au début du XIXe siècle. Ils comportent des séries d'anches, mises en action par des touches ou des boutons, et l'air est fourni par un soufflet.

1/ Le concertina. C'est l'instrument des marins et des clowns. Comme l'harmonica, il produit une note différente selon qu'il est tiré ou poussé.
2/ L'accordéon diatonique fonctionne selon le même principe, mais il lui manque des dièses et des bémols.
3/ L'accordéon chromatique. C'est l'accordéon musette. Il comporte toutes les notes, plusieurs registres de sonorités et même des accords programmés commandés par un seul bouton. La note émise est la même, qu'on tire ou qu'on pousse.
4/ Le bandonéon argentin est un concertina sophistiqué de sonorité sombre et même dramatique.

La clarinette

Clarinette double de charmeur de serpent indien

Clarinette vient de *clarino* qui désigne jusqu'au XVIIIe siècle une sorte de petite trompette aujourd'hui disparue. La clarinette est un instrument à vent, à anche simple, de la famille des bois, proche cousine des **chalumeaux**. Ceux-ci tenaient leur nom du roseau - *calamus*, en latin - dont ils étaient constitués à l'origine. Ils apparaissent déjà sous cette forme, sur les fresques de l'ancienne Egypte. On les trouve, inchangés aujourd'hui, proposés aux touristes dans les rues du Caire.

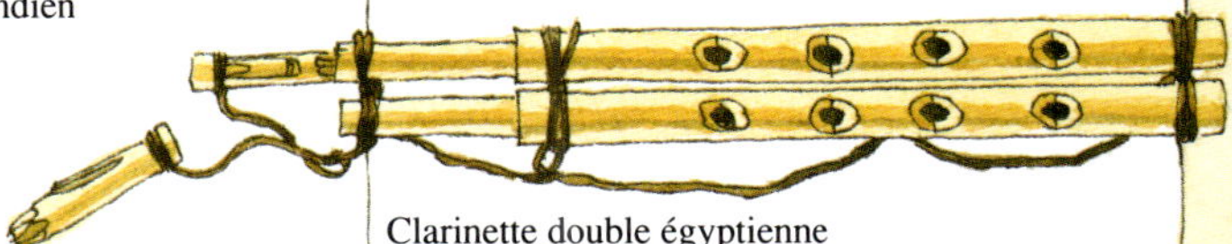

Clarinette double égyptienne

Au XVIIe siècle, on fabrique une gamme de chalumeaux, du soprano à la basse. Ce sont les ancêtres directs de la clarinette.

Chalumeau

La clarinette, inventée en 1690 par l'Allemand J.C. Denner, ne comporte que deux clés. Theobald Böhm, en 1840, applique à la clarinette le système de clés qu'il a déjà conçu pour les flûtes. Ce système sera amélioré et répandu en France par Buffet en 1844.

On peut rattacher aux clarinettes le **cor de basset**, en vogue à l'époque de Mozart ; il sonnait dans le grave au moyen d'un prolongement de la colonne d'air qui serpentait dans un boîtier situé avant le pavillon.

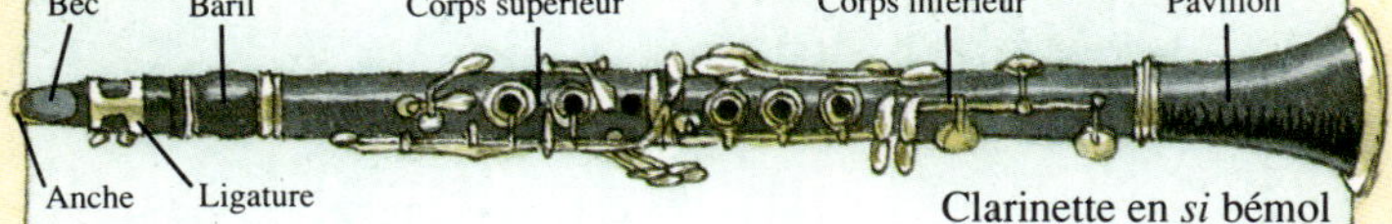

Clarinette en *si* bémol

La perce de la clarinette est cylindrique, ce qui permet des sons graves. En effet, un tuyau cylindrique sonne une octave au-dessous d'un tuyau conique de même longueur.

On bouche avec les doigts les sept trous libres de la clarinette, les trous complémentaires étant obturés ou ouverts par les clés munies de tampons. Le son est produit par le souffle du musicien qui fait vibrer une lamelle de roseau – anche – devant la lumière – l'ouverture – du bec. L'étendue de la clarinette est de près de 4 octaves.

La famille des clarinettes comprend : La clarinette en *mi* bémol, en *si* bémol (la plus courante), en *la*, les clarinettes alto, basse et contrebasse.

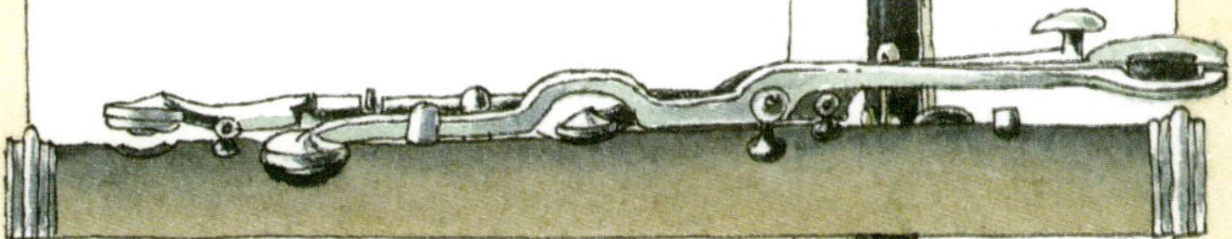

Système de clétage d'une clarinette allemande du XIXe siècle

Clarinette basse en *si* bémol

Les clarinettes sont généralement en grenadille ou en ébène. Les clarinettes du XIXe siècle, au système de clés plus rudimentaire, étaient souvent tournées dans du buis. On en fabrique aujourd'hui en résine synthétique.

Hormis dans l'orchestre, on utilise la clarinette dans les formations de chambre ou dans les fanfares. Elle passera ensuite dans les groupes de jazz Nouvelle-Orléans.

Le saxophone

Charles Sax est l'inventeur de l'**omnicor** qui permettait de jouer du cor sans piston dans tous les tons. Son fils, Antoine Joseph Sax dit Adolphe (1814-1894), clarinettiste belge et facteur d'instruments, travaille d'abord sur la clarinette basse. Il présente le saxophone en 1841 à l'exposition industrielle belge. Il s'installe en 1843 à Paris où il fait breveter la famille des saxhorns (voir p. 46).

Saxophone soprano

Saxophone alto

Saxophone ténor

Le **saxophone**, du nom de son inventeur Adolphe Sax, vit le jour au XIXe siècle et il a à peu près gardé sa forme initiale.

Il s'apparente à la clarinette par son bec muni d'une anche simple, au hautbois par sa perce conique, et à l'ophicléide par son matériau et ses clés à tampons. Bien qu'en cuivre, on le range parmi les bois.

Sa souplesse, son expressivité et sa facilité de jeu le firent vite adopter par les fanfares militaire ou civiles, mais il est curieusement resté méprisé des compositeurs classiques.

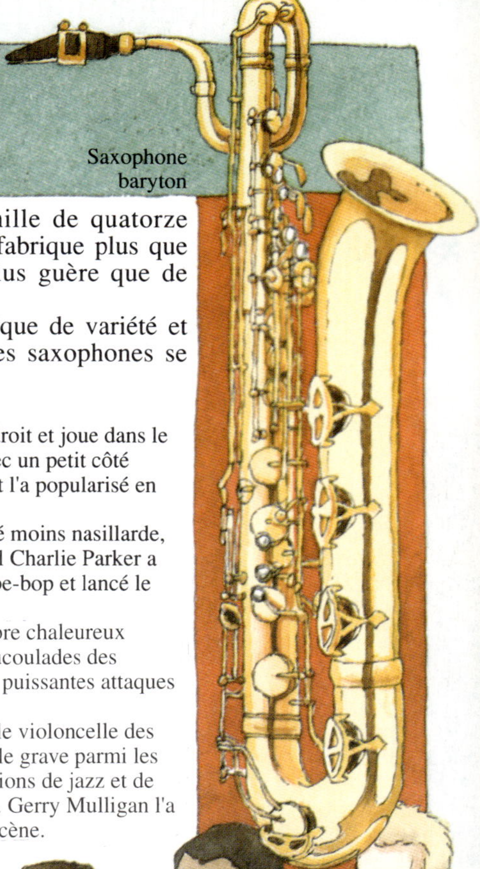

Saxophone baryton

Sax créa une famille de quatorze saxophones. On n'en fabrique plus que sept et on ne joue plus guère que de quatre d'entre eux.

C'est dans la musique de variété et surtout de jazz que les saxophones se sont imposés.

1/ Le saxo soprano. Il est droit et joue dans le registre de la clarinette avec un petit côté «hautbois». Sidney Bechet l'a popularisé en France.
2/ Le saxo alto. De sonorité moins nasillarde, c'est l'instrument sur lequel Charlie Parker a contribué à faire naître le be-bop et lancé le jazz moderne.
3/ Le saxo ténor. Son timbre chaleureux convient aussi bien aux roucoulades des orchestres de danse qu'aux puissantes attaques de John Coltrane.
4/ Le saxo baryton. C'est le violoncelle des saxophones. Il sonne dans le grave parmi les cuivres des grandes formations de jazz et de musique latino-américaine. Gerry Mulligan l'a amené sur le devant de la scène.

Les anches doubles

Les anches doubles sont constituées de deux lamelles de roseau montées sur un petit tube qui produisent un son strident au passage de l'air.

Elles sont connues depuis la plus haute Antiquité puisqu'elles équipaient déjà l' **aulos** des Grecs. Celui-ci était généralement double comme l'atteste la décoration des poteries parvenues jusqu'à nous. Il figurait à l'orchestre du théâtre antique.

C'est l'ancêtre commun des chalemies, des musettes, des cornemuses et des hautbois.

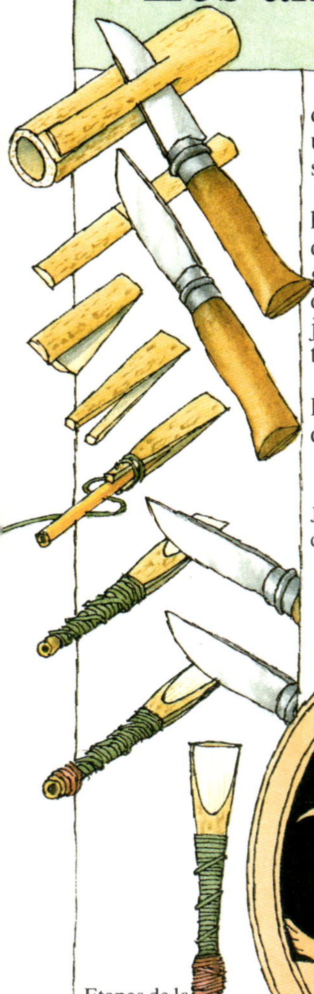

Etapes de la fabrication d'une anche double

Joueur et auditeur d'aulos

Sonneurs bretons pendant
la Grande Guerre

Un petit roseau m'a suffi
Pour faire frémir l'herbe haute
Et tout le pré
Et les doux saules
Et le ruisseau qui chante aussi ;
Un petit roseau m'a suffi
A faire chanter la forêt.

Ceux qui passent l'ont entendu,
Au fond du soir, en leurs pensées,
Dans le silence et dans le vent,
Clair ou perdu,
Proche ou lointain…

Henri de Régnier

L'anche double, nécessitant une forte pression d'air pour entrer en vibration, donne aux instruments qui en sont munis une grande portée mais une sonorité quelque peu criarde.

Cromorne

La bombarde bretonne est un hautbois rustique qui se joue en couple accompagné du **biniou**, instrument voisin mais muni d'une réserve d'air.

Les chalemies de la Renaissance ressemblent à des trompettes en bois, avec une anche double en guise d'embouchure. En Catalogne, on joue les sardanes sur le **tiple** et la **tenora**, sortes de chalemies à clés.

Le cromorne de la Renaissance est courbe et son anche est protégée d'un boîtier dans lequel soufflait le musicien.

Ces instruments, bénéficiant de l'actuel regain d'intérêt pour la musique ancienne, sont de nouveau fabriqués.

Le hautbois

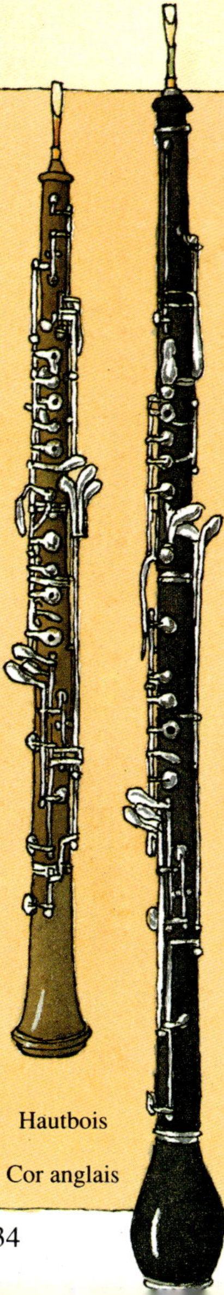

Hautbois

Cor anglais

Le **hautbois**, qui ressemble à première vue à une clarinette, en diffère par son anche double et sa perce conique. Proche parent du hautbois du Poitou et de la chalemie qu'il remplaça, il fut mis au point par la famille Hotteterre, célèbres facteurs sous le règne de Louis XIV. Ils en firent un instrument plus juste et plus élégant. Il n'était alors muni que de deux clés, ce qui obligeait les exécutants à des doigtés compliqués qui interdisaient les passages rapides. Il fallut attendre le milieu du XIXe siècle pour que Fréderic Triebert adapte au hautbois le système de clés inventé par Böhm pour la flûte, et crée ainsi le hautbois moderne.

C'est un instrument d'orchestre et de solo. Son caractère pastoral, agreste et enjoué le fait utiliser par les compositeurs pour évoquer les danses villageoises. La clarté de son timbre lui permet de se dégager de la masse de l'orchestre.

Il est des parfums frais
comme des chairs d'enfants
Doux comme les hautbois
verts comme les prairies.
Charles Baudelaire

Le **hautbois d'amour**, qui sonne une tierce plus bas, produit des effets plus lyriques que le hautbois. Si l'on recherche une sonorité mélancolique, on utilise le **cor anglais** - qui n'est pas un cor et qui n'est pas anglais, mais un grand hautbois. Il tient son nom de son ancienne forme coudée : l'angle qu'il formait le fit nommer « angle », déformé en « anglais ».

Le basson

Le cervelas

Le basson est la basse du hautbois. En Italie, il est appelé *fagotto*. En France, il porta le nom de fagot jusqu'au XVIIe siècle, pour les raisons qu'explique ici Marin Mersenne : *«On l'appelle fagot à raison qu'il ressemble à deux morceaux de bois qui sont liez et fagotez ensemble.»*

L'écartement excessif des trous de jeu rendait difficile la pratique de cet instrument. On y remédia en disposant les trous de la main gauche sur un tuyau et ceux de la main droite sur un autre, les deux tuyaux étant reliés par un coude situé dans la partie inférieure de l'instrument.

Le basson, son anche double et son bocal.Il est très apprécié des compositeurs pour sa belle sonorité sombre.

S'il n'était pas coudé, le basson mesurerait plus de 2 m de long.

Le **courtaud** contient dans un seul fût un tuyau double en épingle à cheveux.
Dans le **cervelas**, le tuyau sonore serpente plusieurs fois. Ses circonvolutions internes font penser à celles d'une cervelle. Ces instruments ne sont plus utilisés aujourd'hui que pour la musique ancienne.
A l'orchestre, on utilise le **basson** et le **contrebasson**, encore plus gros, encore plus grave.

La cornemuse

Cornemuse flamande (d'après Bruegel)

La cornemuse est un hautbois alimenté en air par une réserve contenue dans une outre dont le musicien contrôle la pression avec le bras. Ce système permet d'obtenir un son ininterrompu. L'adjonction de bourdons -tuyaux généralement munis d'une anche battante- fournit une basse continue.

La cornemuse est l'instrument des bergers, on la rencontre dans les pays d'élevage sous des formes diverses et variées.

(…) et, le seul vent
Hors des deux tuyaux prompt à s'exhaler avant
Qu'il disperse le son dans une pluie aride,
C'est, à l'horizon pas remué d'une ride,
Le visible et serein souffle artificiel
De l'inspiration qui regagne le ciel.

Stéphane Mallarmé

Musette de Cour

La cornemuse flamande accompagnait les noces et les fêtes. Elle comporte un «chanteur» et deux grands bourdons donnant deux basses différentes.

La musette de Cour a pour origine la mode des bergeries du début du XVIIIe siècle qui amena les dames de la Cour à garder les moutons et les gens de qualité à jouer de la cornemuse. La musette des bergers étant un peu trop fruste, Martin Hotteterre mit au point la musette de Cour, véritable bijou de lutherie : de son sac de brocart sortaient deux chanteurs en ivoire et un barillet contenant quatre bourdons. Afin d'éviter de disgracieux gonflements de joues, on alimentait la musette en air au moyen d'un soufflet.

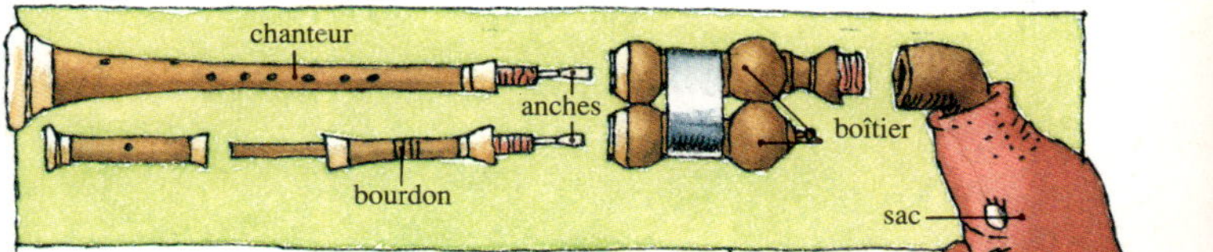

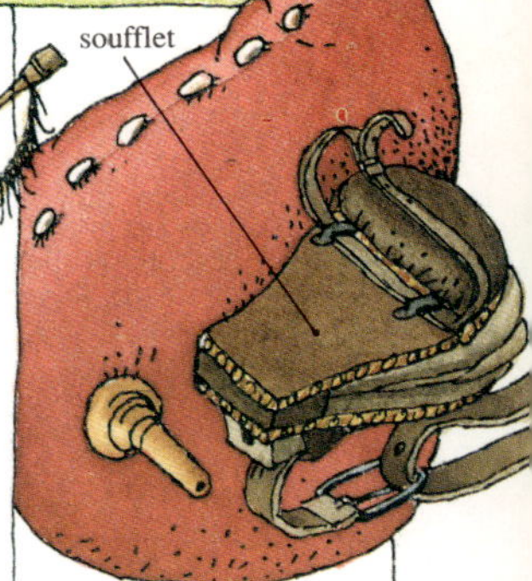

Cabrette (cornemuse auvergnate)

1/Bagpipe écossais
2/Uilleann pipe irlandais
3/Gaïta espagnole

Joueur de cabrette

4/Zampogna italienne
5/Cornemuse bourbonnaise
6/Boha landaise

Conques, cornes et trompes

Il existe trois manières de faire «chanter» un tuyau sonore :

- en dirigeant le souffle sur un biseau, comme pour les flûtes.
- en faisant vibrer une languette, comme pour les instruments à anche - clarinette, accordéon.
- en utilisant directement les lèvres.

En effet, si on serre les lèvres et que l'on force le souffle à passer, leur vibration produit un son qu'on peut assimiler à celui d'une anche double. On peut amplifier ce son au moyen d'un tube faisant office de résonateur. C'est d'abord dans la nature que l'homme a cherché cet amplificateur : en soufflant dans le trou

Les trompettes de Jéricho qui renversaient les murailles, selon la Bible, étaient sans doute ces cornes de bélier encore utilisées dans la liturgie israélite sous le nom de **shofar**.

percé au sommet d'un **buccin**, un grand coquillage, on obtient un son de trompe.

Depuis toujours, les chasseurs et les militaires signalent leur position à l'aide de cornes. Quand celles-ci étaient faites en ivoire (défenses d'éléphant), on les appelait **olifants**.

Le bois servait à la fabrication de trompes parfois très grandes comme le **cor des Alpes** ou plus petites et plus sophistiquées comme le **cornet à bouquin** sur lequel des trous de jeu permettaient d'exécuter des mélodies. Il avait sa place dans la liturgie catholique comme en témoigne Marin Mersenne dans son *Harmonie universelle* (1636) : « Quant à la propriété du son qu'il rend, il est semblable à l'esclat d'un rayon de soleil, qui paroist dans l'ombre, lorsqu'on l'entend parmy les voix dans les églises cathédrales. »

Les matières dont étaient constitués tous ces instruments leur conféraient une sonorité rauque, aussi les a-t-on beaucoup améliorés en les fabriquant en cuivre, dont la sonorité est plus sonore et plus claire.

Le cor des Alpes appelle les troupeaux

Le cor de Roland : un olifant

Le cornet à bouquin est un bois par sa matière, mais un cuivre par son embouchure.

Le **serpent** est un cornet à bouquin basse, en bois gainé de cuir, qui a figuré dans les églises, où il accompagnait les chantres, jusqu'au XIXe siècle. Il tient son nom de sa forme, comme l'**ophicléide** qui l'a d'ailleurs remplacé.

Les cuivres

Cet instrument est incommode en ce que l'on est contraint de mettre le bout des lèvres dans le bocal, ce qui est cause qu'elles s'enflent et causent de la douleur. Il faut aussi pousser le bout de la langue sur le bord des lèvres afin de marteler les sons et de les animer par le mouvement de ladite langue, dont les différents coups font de grands effets sur l'esprit des auditeurs.

Marin Mersenne

On trouve dans l'orchestre de nombreux instruments en cuivre (saxophones, cymbales), mais on réserve le nom de cuivres aux instruments à vent métalliques munis d'une embouchure. Ils sont constitués de tubes cylindriques ou coniques. Leur son est produit par l'anche double que sont les lèvres du musicien dans la cuvette de l'embouchure, l'instrument ne servant qu'à amplifier et moduler le son.

Pour faire sonner un cuivre, on procède comme pour cracher des pépins. Plus les lèvres sont serrées, plus le son produit est aigu.

Si on dispose une embouchure sur un tuyau de cuivre, on pourra obtenir une note claire et, en pinçant les lèvres, quelques notes complémentaires.

Si la longueur du tube est telle que

La gamme du clairon

la première note est un *do*, les autres sont : *sol* - *do* - *mi* - *sol* - *si* bémol - *do*. Ces quelques notes (harmoniques du son fondamental) sont celles que l'on joue sur le **clairon**.

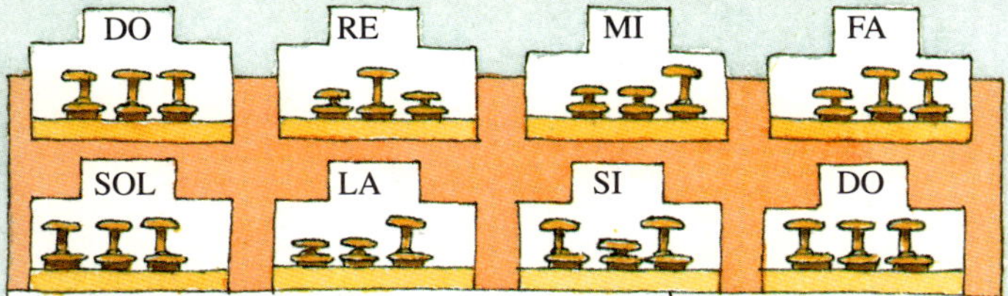

Position des pistons pour la gamme diatonique

Pour jouer d'autres notes, il faut utiliser des instruments dans d'autres tonalités ou utiliser des « tons » ou « corps », portions de tubes adaptables. Plus un tube sonore est long, plus il sonne dans le grave.

Le piston, qui fut inventé en 1813 par Blühmel et perfectionné par Stolzel, allait résoudre tous ces problèmes.

Chacun des trois pistons commande une portion de tube supplémentaire qui abaisse le son d'un ton pour le premier, d'un demi-ton pour le second et d'un ton et demi pour le troisième, permettant de jouer tous les degrés de la gamme chromatique sur le même instrument.

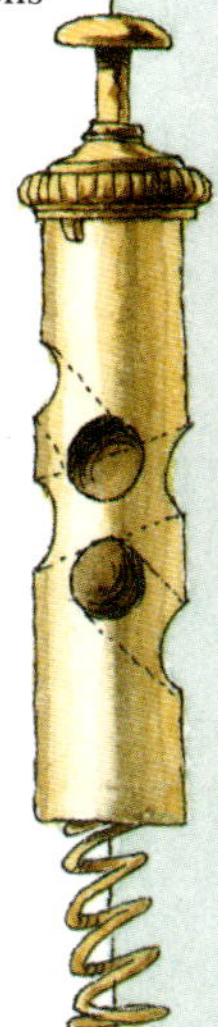

Quand le piston est appuyé, la colonne d'air vibrant est allongée de la portion de tuyau correspondante.

Petit museau musant grêle et froid,
Comment fais-tu pour chanter en berne
Et pour jeter de si peu de voix
Tant de clairon sur tant de caserne?
Norge

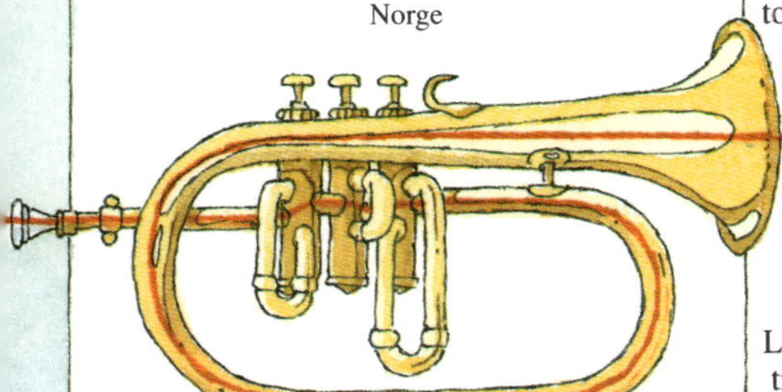

La colonne d'air passe tout droit pour former un *sol*.

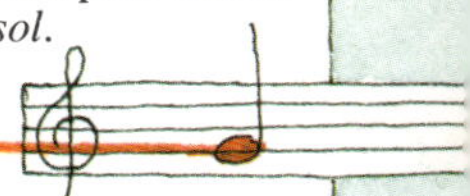

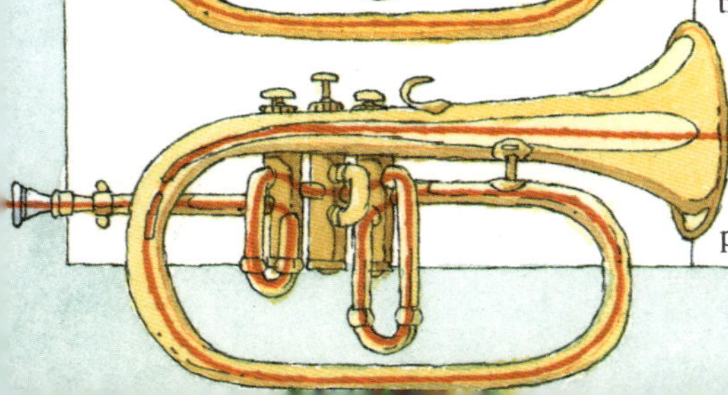

Le premier et le troisième piston font descendre le son

de deux tons et demi pour produire un *ré*.

La trompette

Les buccinateurs - joueurs de trompette - réglaient la vie des camps romains.

Au Moyen Age, les déclarations importantes transmises par les hérauts étaient précédées de sonneries de trompette.

La **trompette** est le prototype des «cuivres». Elle se caractérise par sa perce cylindrique ne s'évasant qu'au pavillon. Sa sonorité claire et puissante lui a valu de conduire les armées au combat, d'ouvrir les tournois, de régler les corridas, de ponctuer les numéros de cirque et c'est elle qui retentira au plus haut des cieux à l'heure du jugement dernier !

Elle est pourvue de pistons depuis le XIXe siècle et a gagné ainsi en capacités ce qu'elle a perdu en justesse et en timbre. Elle figure brillamment à l'orchestre, dans les musiques militaires et les fanfares, et elle s'est taillé une place de choix dans les formations de jazz et de variétés.

La trompette coudée de Dizzy Gillespie

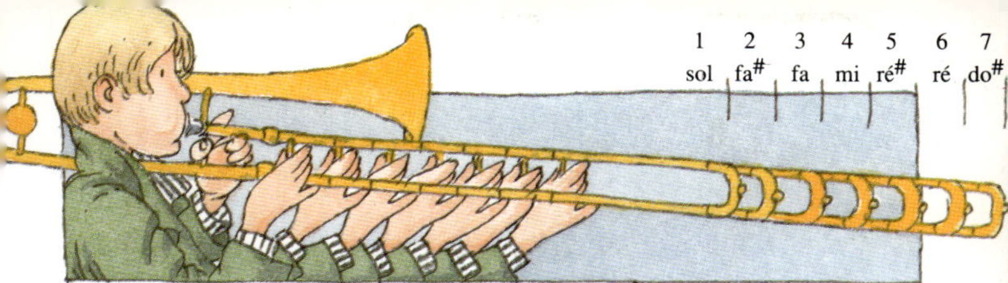

Le **trombone à coulisse** fait partie de la famille des trompettes puisque sa perce est cylindrique. C'est le cuivre de l'orchestre qui a le moins évolué depuis le Moyen Age, où on l'appelait sacquebutte (de *sacquer*, tirer et *bouter*, pousser). Son principe est simple : il consiste à modifier la longueur du tube sonore pour modifier la hauteur du son.

Mais sa pratique est délicate et il ne permet les traits rapides que dans l'aigu.

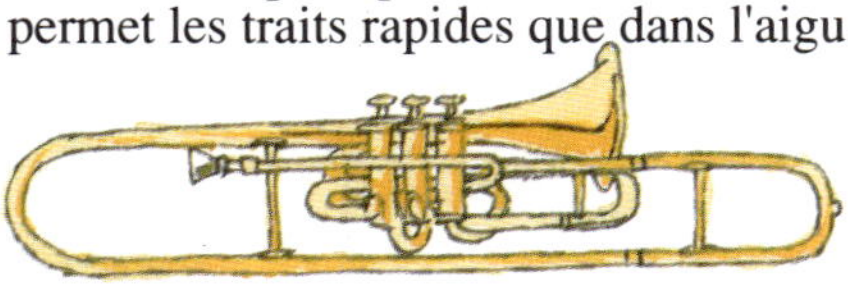

Trombone à pistons

C'est pourquoi on a inventé le **trombone à pistons**, d'emploi plus aisé. N'ayant pas la plénitude de sonorité du trombone à coulisse, il ne l'a jamais concurrencé dans l'orchestre symphonique ni même dans les formations de jazz.

Le trombone à coulisse est utilisé comme instrument de pupitre et de solo. Il assure les basses harmoniques et marque, par d'amples glissades, les changements d'accords.

De l'autre côté du fleuve un écho pleure
Dans les poumons brûlés
d'Emmet Hardy
Agonisant de trompette
Cette plainte inachevée
Armstrong la portera à
travers les nuits
du monde.

Robert Goffin

Les sept positions de la coulisse du trombone

Au regard des
instruments de
musique, il apprit
à jouer du luth,
de l'épinette,
de la harpe, de la flûte
allemande et à neuf
trous,
de la viole
et de la sacquebutte.

Rabelais

Le cor

Du latin *cornu*, corne, le **cor** est à l'origine un instrument de vénerie, comme l'atteste encore la **trompe de chasse**.

C'est sa perce conique qui le différencie de la trompette. Malgré sa gamme incomplète, surtout dans le grave, le cor figure dans l'orchestre, depuis le XVIIIe siècle. Son timbre « rond » et « moelleux » fournit le contrechant aux trompettes.

Sons bouchés

En 1760, le corniste allemand Haempel découvre qu'en insérant la main dans le pavillon, on peut abaisser la note d'un demi ton.

La trompe de chasse sonne derrière le musicien. Déroulée, elle mesurerait cinq mètres. Les fanfares de vénerie utilisent des trompes de différentes tonalités.

Schéma de fonctionnement des pistons à « barillet »

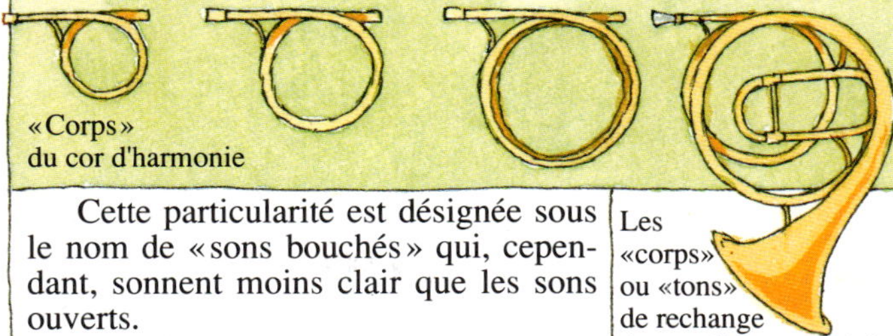

«Corps»
du cor d'harmonie

Cette particularité est désignée sous le nom de «sons bouchés» qui, cependant, sonnent moins clair que les sons ouverts.

Tons et pistons

Pour jouer dans toutes les tonalités, le **cor d'harmonie** dispose de toute une série de tubes interchangeables nommés «tons» ou «corps».

Comme pour tous les cuivres, ce sont les pistons qui donneront au cor la possibilité de produire la totalité de la gamme chromatique. Les cors modernes sont appelés **cors doubles**, car un quatrième piston permet d'en faire un cor en *fa* ou un cor en *si* bémol.

A la fin du XIXe siècle, Richard Wagner, souhaitant étoffer dans le grave les cuivres de l'orchestre, est à l'origine de la création du **cor wagnérien** : petit **tuba** que l'on rencontre encore dans les fanfares allemandes.

Les «corps» ou «tons» de rechange du cor d'harmonie lui permettent de jouer dans plusieurs tons.

Les cors, les cors,
les cors
mélancoliques !...
Mélancoliques !...
S'en vont, changeant
de ton
Changeant de ton
et de musique,
Ton ton, ton taine,
ton ton !...
Les cors, les cors,
les cors
S'en sont allés
au vent
du Nord.

Jules Laforgue

L'**hélicon** est une sorte de grand cor assurant les parties de contrebasse des fanfares.

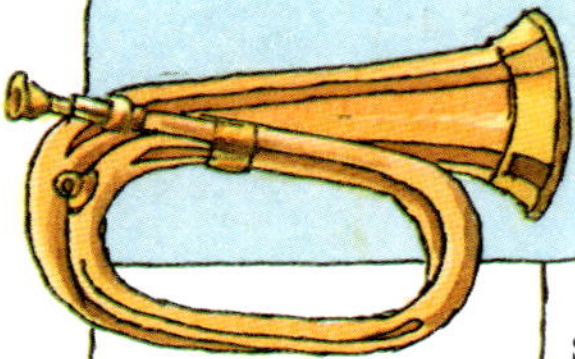

Le bugle

Le bugle sonnait les charges de la cavalerie américaine.

Des fanfares, le cornet à pistons est passé dans l'orchestre de jazz Nouvelle-Orléans.

Le **bugle**, de la famille des cors par sa perce conique, était, à l'origine, une sorte de petit clairon militaire.

Au XIXe siècle, il bénéficie de l'adjonction de pistons et prend, en allemand, le nom de **flügelhorn**, littéralement «cor ailé». Sa sonorité, plus suave que celle de la trompette, le fait parfois préférer à celle-ci.

Le **cornet à pistons** connaît son heure de gloire dans les fanfares municipales du siècle dernier qui illustrent le mouvement orphéonique. Il reste un instrument populaire et n'est guère utilisé à l'orchestre symphonique.

Le bugle proprement dit, dont le nom viendrait d'une déformation de «buffle», avec la corne duquel on fabriquait des cors, est représenté par le **petit bugle** (en *mi* bémol) et le **grand bugle** (en *si* bémol).

Adolphe Sax leur ajoute en 1845 toute une famille qui porte encore son nom : ce sont les **saxhorns** («cors de Sax »).

1/ Le saxhorn alto joue en *mi* bémol et sert aux contre-chants.
2/ Le saxhorn baryton, de sonorité somptueuse, reprend les chants dans le grave et apporte le soutien harmonique des fanfares.
3/ Le saxhorn basse est de sonorité encore plus grave.
4/ Le saxhorn contrebasse en *mi* bémol, vulgairement appelé **bombardon**, assure les mêmes parties que la **contrebasse à vent** en *si* bémol qu'on appelle également **tuba**.

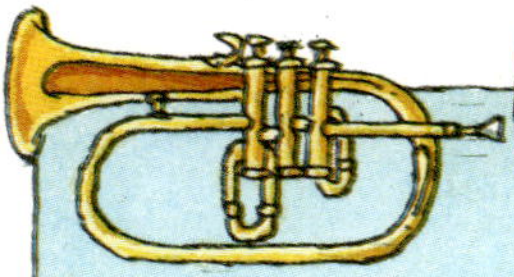

Petit bugle

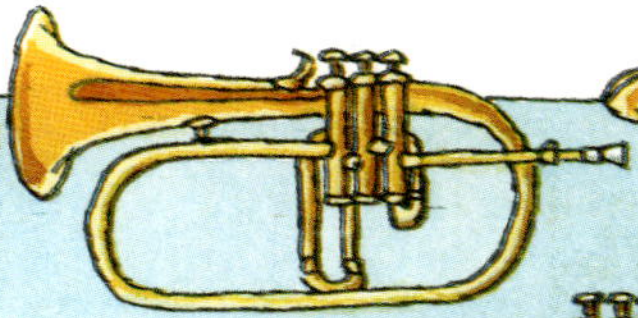

Grand bugle

Au début du siècle, John Philip Souza, facteur américain d'instruments, a créé une sorte d'hélicon à pavillon orientable, le **souzaphone**. Il assure les basses rythmiques et harmoniques des fanfares militaires et des groupes de jazz.

Tous ces cuivres étaient surtout utilisés dans les formations de défilé, mais il semble qu'on ne découvre qu'aujourd'hui toutes leurs possibilités, et la place qu'ils occupent dans toutes sortes de musiques va en s'accroissant.

L'arc...

L'archet
Il se tient par la hausse dont la vis permet de tendre la mèche.
1/ talon
2/ hausse
3/ baguette
4/ mèche
5/ pointe
La mèche de l'archet est constituée de crins de cheval. Pour que l'archet tire un son d'une corde, il est indispensable de l'enduire d'une résine nommée colophane.

L'une des premières armes de chasse utilisée par l'homme, après le gourdin - instrument de percussion - est l'arc - instrument à corde.

Quand on décoche une flèche, la corde vibre en produisant un son. Plus l'arc est tendu, plus la note est aiguë. C'est sans doute de ces observations que sont nés les premiers instruments à cordes. Les arcs sont utilisés soit directement comme instrument mélodique - les arcs musicaux -, soit pour frotter une autre corde. On les appelle alors archets : petit arc.

Les arcs musicaux

Ils existent dans de très nombreuses sociétés primitives. Les plus simples sont appuyés contre les dents : on gratte la corde, la bouche sert de résonateur et permet de moduler le son.

L'archet

Il avait jadis la forme d'un petit arc convexe. A la fin du XVIIIe siècle, l'archetier français F. Tourte (1747-1835) fixe définitivement la matière et la forme de l'archet moderne. Il choisit pour la baguette le bois de «Pernambouc», nommé aussi «brasil», et il lui donne une forme d'arc concave.

Le berimbau, arc musical brésilien originaire d'Afrique, est muni d'une calebasse-résonateur. On frappe avec un bâton la corde dont on détermine la longueur vibrante à l'aide d'une pièce de métal.

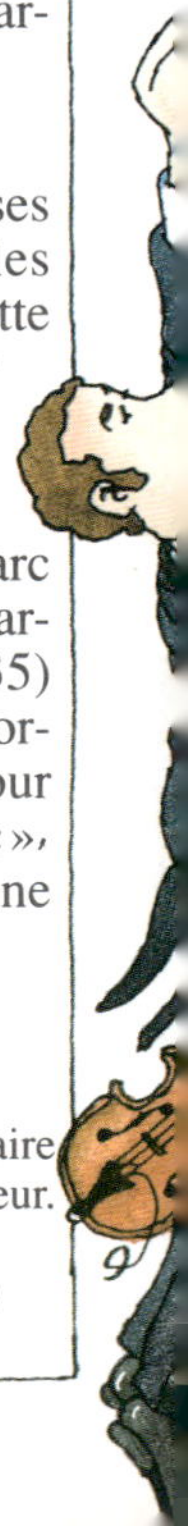

... et la corde

Les cordes

Si l'archet est en crin de cheval, les cordes, elles, sont en boyaux de chat. On en fabrique aussi en métal et en Nylon. Si l'on pince, frotte ou frappe une corde tendue, elle entre en vibration en produisant un son. De fait, elle produit un son principal – son fondamental – dû à la vibration de la corde entière, mais aussi des sons complémentaires dus à la vibration de fractions (moitié, tiers, quart, etc.) de la longueur totale. Ces sons, que l'on appelle sons harmoniques, enrichissent le son fondamental et c'est de leur nombre que dépend le timbre plus ou moins riche d'un instrument.

On met en évidence les sons harmoniques d'une corde en l'effleurant du doigt aux endroits où se forment les nœuds de vibrations (la moitié, le tiers, etc. de sa longueur) et en la faisant sonner.

Si vous laissez tomber à terre un oreiller, vous percevrez un bruit mat : c'est un son fondamental sans harmoniques. Vous répétez l'expérience avec un violoncelle dont le timbre comporte de nombreux sons harmoniques, c'est déjà presque de la musique.

Le maître de la chapelle eut à peine
interrogé de l'archet la viole bourdonnante
qu'elle lui répondit par
un gargouillement burlesque
de lazzis et de roulades,
comme si elle eût au ventre
une indigestion de comédie italienne.

Aloysius Bertrand

La corde vibre en fuseaux de différentes longueurs. Chacune de ces vibrations produit un son harmonique de la vibration principale.

La lyre et la harpe

La **lyre** est constituée d'une caisse de résonance tendue d'une peau, et de deux montants reliés par une traverse portant les cordes. Elle était connue des Egyptiens, des Hébreux et des Assyriens.

La caisse de la lyre grecque était une carapace de tortue d'où jaillissaient deux cornes portant la traverse sur laquelle étaient tendues les cordes - 3, 5 ou 7 -, qu'on pinçait avec les doigts ou avec un plectre.

Son registre est pauvre et les musiciens lui préféraient la **kithara**, une lyre perfectionnée, ancêtre de la guitare.

En Afrique, on rencontre plusieurs sortes de lyres, mais aussi la **cora** que l'on peut assimiler à une harpe, par la manière dont on en joue, ou à un luth par sa forme.

La lyre grecque, utilisée pour accompagner la déclamation des poèmes, a donné son nom à la poésie... lyrique. La lyre est devenue le symbole même de la musique : elle orne les recueils de partitions, et la casquette des membres des fanfares municipales.

Orphée a mené les bêtes sauvages,
Et déracinés, des arbres se murent
Pour suivre le son de sa lyre…
John Dryden

Les cordes de la cora passent de part et d'autre du chevalet et sont pincées par les pouces du musicien.

La harpe était l'instrument privilégié des Celtes. Elle figure encore sur les armes de l'Irlande.

Soudain, des rangs de cordes vibrantes dans l'air,
Tels rayons de soleil brisés par un nuage,
Joie et pitié éclatent ensemble, et leurs sons
Nous rappellent comment le ciel abandonna
L'homme aux plaisirs et aux tourments.

Ugo Foscolo

La **harpe** est tendue de plusieurs cordes qu'on pince avec les doigts. Elle remonte elle aussi à la plus haute Antiquité.

Les premières harpes à pédales permettant d'obtenir les demi-tons sont conçues au XVIIIe siècle. Mais c'est le facteur de pianos Erard qui invente en 1794 le double mécanisme « à fourchettes » des harpes modernes.

Harpiste égyptienne

Le mécanisme « à fourchettes » permet de hausser le son de la corde. Ci-contre, la première corde sonne à vide, la deuxième, raccourcie par une fourchette, est haussée d'un demi-ton, la troisième, raccourcie par deux fourchettes, est haussée d'un ton entier.

Les cordes pincées

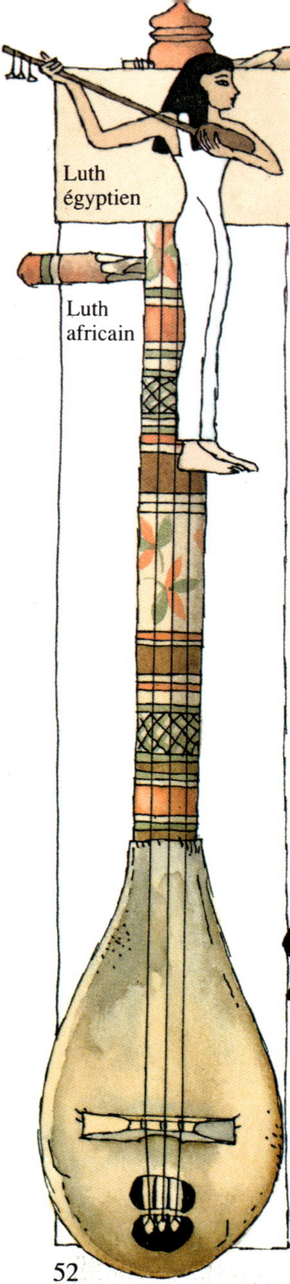

Les instruments à cordes pincées, excepté la lyre et la harpe, présentent une caisse de résonance, un manche le long duquel sont tendues les cordes qui sonnent entre le sillet et le chevalet. Lorsqu'on appuie la corde sur le manche avec le doigt, on raccourcit sa longueur vibrante et le son monte. On fait sonner les instruments en pinçant les cordes avec les doigts ou avec un plectre – petite pièce de bois ou d'écaille.

La lune est claire, la rivière calme,
dans le silence et la solitude.
Le grand virtuose arrange ses manches
pour caresser l'instrument rare.

Houang Ting-Kien

Le **shamisen** japonais se joue à l'aide d'un grand plectre en bois. Il est tendu de peau de chat !

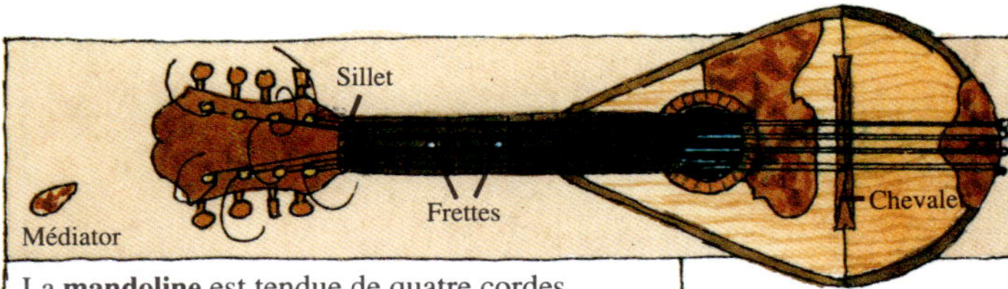

La **mandoline** est tendue de quatre cordes doubles accordées en quintes : *sol - ré - la - mi*. On en joue avec un médiator d'écaille; les cordes doubles permettent les effets du tremolo - tremblement.

Le manche de nombreux **luths** est muni de frettes. Ce sont de petits barrages de métal, ou de simples liens entourant le manche. Ils délimitent des «cases», représentant chacune un demi-ton, et marquent ainsi l'emplacement où appuyer pour produire des notes justes.

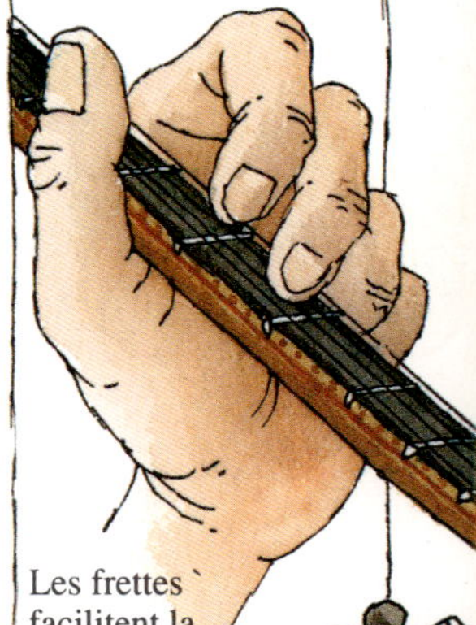

Les frettes facilitent la justesse et la netteté du jeu.

Les frettes du **sitar indien** sont des arceaux sous lesquels passent des cordes dites sympathiques, dont on ne joue pas et qui sonnent naturellement en harmonie avec les cordes principales.

Le luth

Ange jouant du luth (d'après Hans Memling : *les anges musiciens*).

Au retour des croisades, les chrétiens rapportèrent en Occident un instrument connu au Moyen-Orient depuis l'Antiquité : le **luth** que les Arabes appellent *al oûd*.

C'est un instrument à cordes, à caisse de résonance bombée, dont le chevillier - la partie du manche où sont disposées les chevilles qui permettent de tendre les cordes - forme un angle droit avec le manche proprement dit. La richesse de ses possibilités musicales le fit adopter par les troubadours et les trouvères des cours seigneuriales. Il était très en vogue, de la Renaissance jusqu'au XVIIe siècle.

Viens à moi, mon luth que j'accorde
Une ode pour la fredonner
Dessus la mieux parlante corde.

Ronsard

Le manche du luth était généralement muni de huit frettes de corde de boyau, que l'on pouvait déplacer pour les ajuster. Ses cordes doubles étaient appelées chœurs - elles sonnaient en chœur -, à l'exception de la chanterelle, la corde la plus aiguë.

L'homme au luth, école flamande.

Double chevillier du théorbe

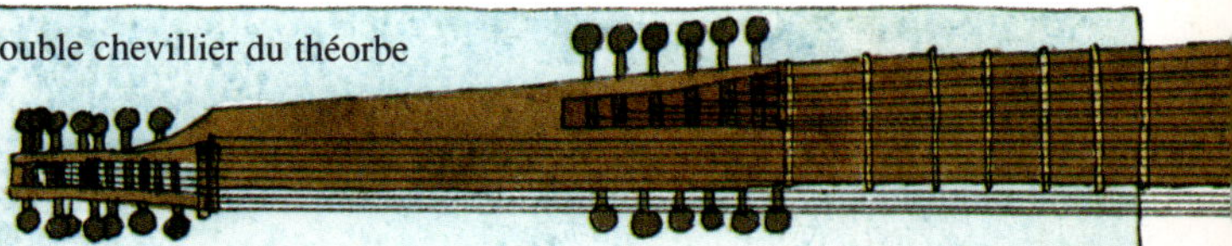

Au fil du temps, la facture et le jeu du luth se compliquèrent. On multiplia le nombre de cordes puis on fabriqua des **archiluths**, grands luths basses aux manches interminables, et des **théorbes**, des luths présentant un chevillier supplémentaire et décalé sur lequel sont tendues des cordes que l'on joue à vide pour accompagner la mélodie dans le grave. Ces instruments devaient être si difficiles à manier et à accorder qu'ils étaient sans doute réservés à des professionnels.

Les facteurs de luths sont appelés luthiers. L'instrument connaissait un tel engouement à la Renaissance que ce nom de luthier est encore utilisé pour désigner les artisans qui fabriquent des instruments de musique, quels qu'ils soient.

Joueur de *oûd* d'après une miniature irakienne du temps des *Mille et une nuits*. Le *oûd* est encore en usage au Moyen-Orient comme en Afrique du Nord.

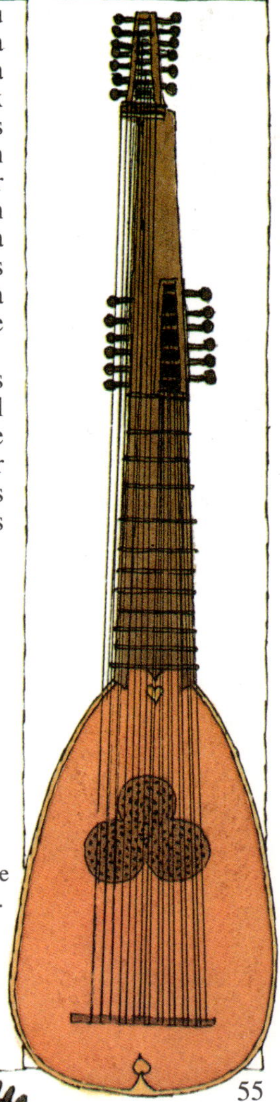

Théorbe du XVIIe s.

Le cistre

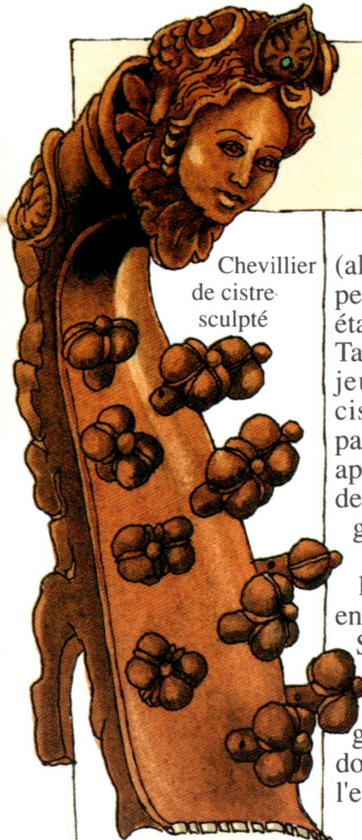

Chevillier de cistre sculpté

Le **cistre** est un petit luth à fond plat (alors que le **sistre** est un instrument de percussion de la famille du hochet). Il était en usage aux XVIe et XVIIe siècles. Tandis que le luth, par sa complexité de jeu, était réservé aux musiciens, le cistre, moins coûteux, plus maniable par sa taille et par la simplicité de son apprentissage, était l'instrument favori des amateurs. C'est l'ancêtre direct de la guitare. Il est caractérisé par ses éclisses - côtés - perpendiculaires à la table, son fond plat et son chevillier en forme de faucille.

Ses cordes métalliques que l'on pinçait avec les doigts ou avec un plectre lui conféraient un timbre plus léger et plus populaire que celui du luth dont la voix profonde se prêtait mieux à l'exécution de la musique savante.

On montait généralement le cistre de quatre cordes doubles ou triples.

Joueur de cistre (XVIIe s.)

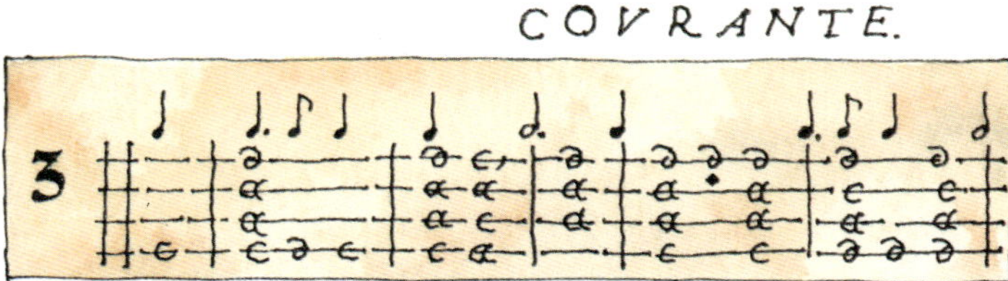

Tablature de cistre

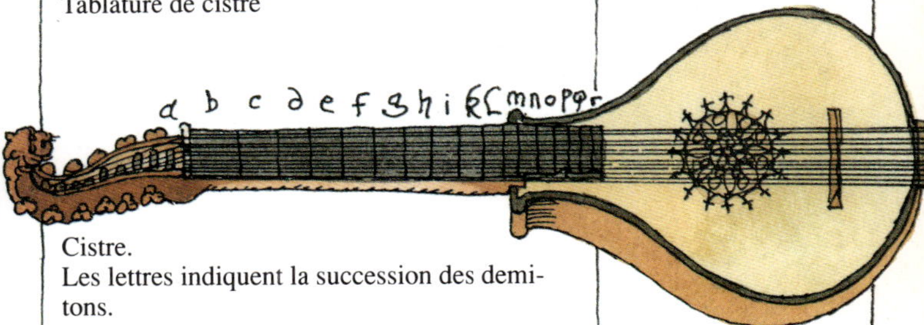

Cistre.
Les lettres indiquent la succession des demi-tons.

Pour le cistre comme pour le luth, on n'écrivait pas de partitions à proprement parler, mais des tablatures, dont voici ci-dessus un exemple. Les notes de la ligne supérieure ne sont que des indications de durée et non de hauteur. Les quatre lignes horizontales ne sont pas une portée musicale, mais la représentation des quatre cordes - ou groupes de cordes - du cistre. Les lettres indiquent dans quelle case du manche l'on doit appuyer le doigt, et correspondent aux touches du cistre placé dessous. On utilise encore ce type de tablatures, en particulier pour la guitare.

Il existait des cistres de toutes formes auxquels on appliqua les améliorations déjà apportées au luth. On construisit des instruments hybrides comme le **cistre théorbé**, et toutes sortes de monstres de lutherie, avant de laisser la place à la guitare.

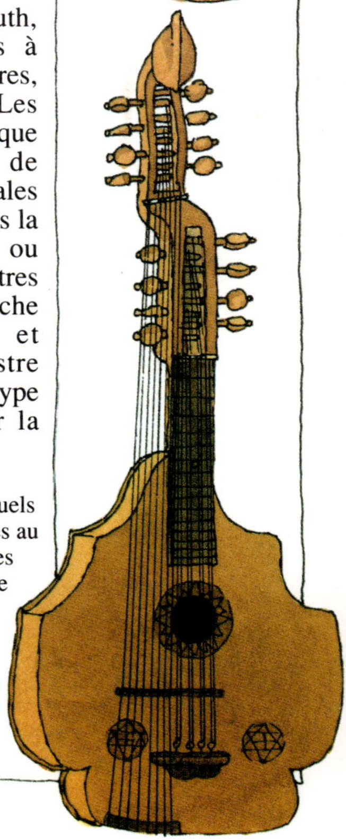

Cistre théorbé (XVIIe s.)

La guitare

1

La **guitare** nous vient bien sûr d'Espagne où elle aurait été introduite par les Arabes. Les Espagnols l'appelaient **vihuela**. Elle gagna toute l'Europe au XVIIe siècle. C'est au XVIIIe siècle qu'elle adopta les six cordes qu'on lui connaît encore. Les six cordes de la guitare - en métal ou en nylon - sont accordées en quartes, elles produisent à vide, du grave à l'aigu : *mi - la - ré - sol - si - mi.*

2

Elle permet d'exécuter les mélodies mais aussi leur accompagnement par des accords plaqués ou arpégés.

La **guitare classique** a été mise au point au XIXe siècle par Antonio de Torres Jurado, et a très peu évolué depuis. Bien qu'elle offre des possibilités musicales étendues, la guitare est d'un abord facile et d'un coût raisonnable.

1/Vihuela (XVIIe siècle)
2/Guitare classique (Alexandre Lagoya)
3/Guitare classique utilisée en accompagnement (Georges Brassens)
4/Guitare de jazz (Django Reinhardt)

3

4

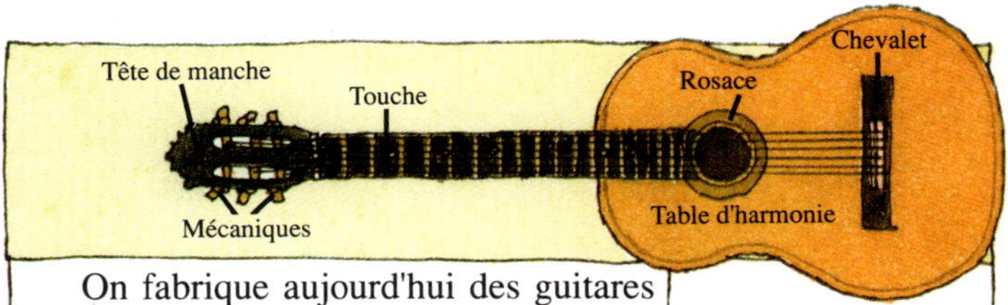

On fabrique aujourd'hui des guitares destinées à des musiques spécifiques : la **guitare de jazz**, à la caisse échancrée, permet d'atteindre les notes aiguës du haut du manche.

Ces guitares peuvent être amplifiées par des micros. Elles restent cependant acoustiques car elles ont une caisse de résonance, par opposition aux **guitares électriques** (voir page 86).

La **guitare folk**, appelée à jouer en plein air, est massive et plus profonde afin de gagner en puissance. Elle est parfois montée de six cordes doubles.

On trouve dans le commerce des tableaux d'accord, et des tableaux indiquant où l'on doit appuyer les cordes pour former les accords. Ces tablatures permettent à des amateurs qui ne lisent pas la musique d'accompagner des mélodies simples.

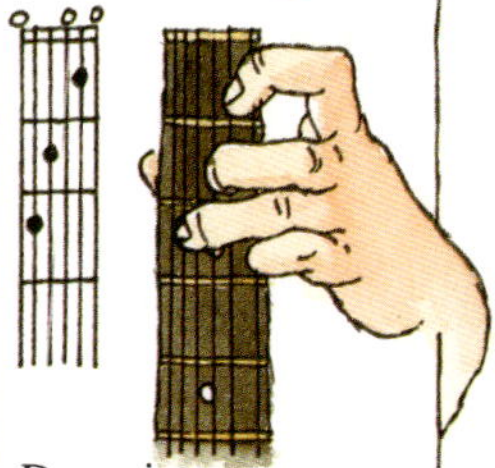

Do majeur

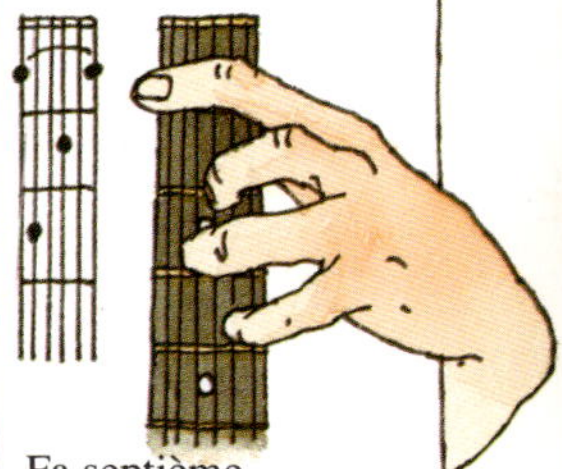

Fa septième

Sol septième

La guitare
fait pleurer
les songes,
Le sanglot des âmes
perdues
s'échappe par
sa bouche
ronde.
Federico
Garcia Lorca

L'accord de *fa* septième est un accord dit barré car l'index barre toutes les cordes.

Le banjo

Banjo alto
(quatre
cordes)

Manche
de banjo
américain à
cinq cordes

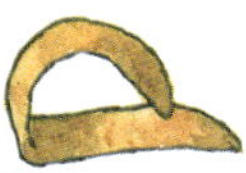

Plectre de
pouce

Le **banjo** ressemble à un tambour auquel on aurait ajouté un manche et des cordes.

En fait, c'est un descendant direct des **luths africains** et il a été introduit aux Etats-Unis par les esclaves africains.

Le cylindre, qui constitue sa caisse de résonance, est tendu d'une peau en parchemin. Il est ouvert au fond ou engagé dans un résonateur qui amplifie le son et le projette en avant.

La peau du banjo lui confère une netteté et une puissance de son qui lui permettent de se faire entendre parmi les cuivres.

C'est pourquoi il avait sa place dans les groupes de jazz Nouvelle-Orléans où il fournissait un accompagnement rythmique et harmonique à la fois. Ses quatres cordes sont accordées comme celles du violon (*sol*, *ré*, *la*, *mi*) ou de l'alto (*do*, *sol*, *ré*, *la*).

Groupe de musique populaire américaine

1/Banjo à cinq cordes
2/Mandoline à fond plat
3/Guitare dobro

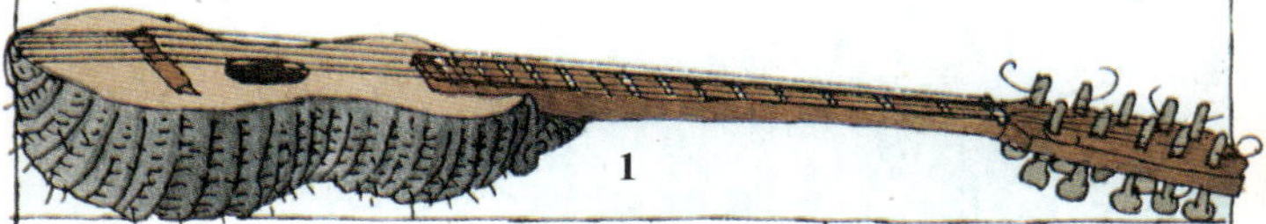
1

Dans la musique populaire américaine, on emploie plutôt le banjo à cinq cordes. La cinquième corde, fixée à une cheville montée sur le manche même, fait office de bourdon aigu. On joue sur ce banjo des accords arpégés au moyen de plectres dont sont munis les doigts de la main droite (y compris le pouce pour le bourdon). Ce banjo figure en bonne place aux côtés du violon, de la mandoline à fond plat, de la guitare folk ou du dobro (guitare à résonateur métallique) dans les groupes de musique traditionnelle américaine.

2

3

Chaque pays possède un instrument à cordes pincées particulier. En voici quelques-uns :

1/Le charango. Sa caisse est constituée d'une carapace de tatou. Il est utilisé dans les musiques traditionnelles d'Amérique du Sud.

2/La balalaïka. Ce cistre triangulaire à trois cordes accompagne les chants populaires russes.On en a construit toute une série des plus petites à la contrebasse pour former des orchestres de balalaïkas.

3/ L'ukulele. Originaire des îles Hawaii, c'est une sorte de guitare minuscule, à quatre cordes. Il figurait entre les deux guerres dans les orchestres de variétés américains, où il servait davantage à occuper les mains des chanteuses qu'à faire de la musique !

Le violon

Antonio Stradivari dit Stradivarius (1644-1737)

1/Volute du **chevillier**. **2/Chevilles** en bois, participent à la sonorité du violon mieux que ne le feraient des mécaniques. **3/Touche** en ébène, collée sur le manche en érable. **4/Chevalet** en érable, supporte les quatre cordes - *sol*, *ré*, *la*, *mi* - fixées sur le cordier. **5/Cordier**. **6/Table** en sapin, percée de deux ouïes. **7/Ouïes**. **8/Eclisses** relient la table au fond. **9/Fond** en érable. **10/Barre d'harmonie**, collée sous la table, répartit les vibrations du pied gauche du chevalet, alors que celles du pied droit sont transmises au fond par l'âme. **11/Ame**, petit cylindre de sapin. **12/Marque** de Stradivarius.

La lune s'attristait. Des séraphins en pleurs
Rêvant, l'archet aux doigts, dans le calme des fleurs
Vaporeuses, tiraient des mourantes violes
De blancs sanglots gisant dans l'azur des corolles.

Stéphane Mallarmé

Comme la viole, la vièle vient du *rebec* arabe.

C'est Stradivarius, élève d'Amati, à Crémone qui a donné au **violon** sa forme et ses qualités définitives après que Gaspard Tieffenbrucker, un Lyonnais d'origine allemande, en eut fixé la forme, dérivée de la viole.

Soudain d'une fenêtre, légers, filés,
enflant leur onde, purs et profonds,
grâce perlée, essor qui fuse, joie qui chante,
eau mouvante, flamme qui monte,
or qui palpite, douceur, lumière,
moelleux d'argent :
les sons fondants d'un violon.

Arno Holz

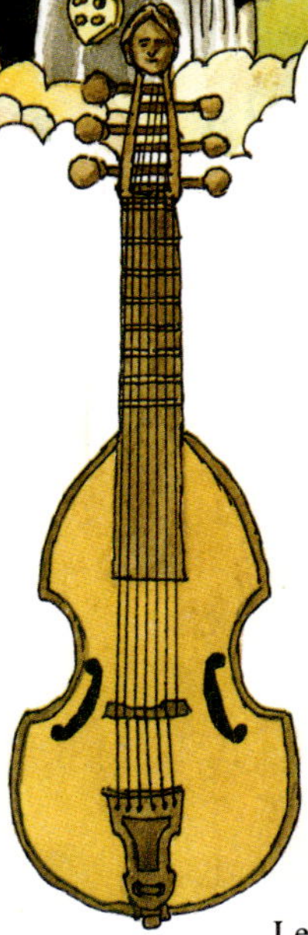

Viole. Contrairement au violon, elle est munie de frettes.

Les échancrures de la caisse du violon permettent au musicien - ici Patrice Fontanarosa - d'atteindre la chanterelle - corde aiguë - avec son archet.

La famille du violon

Comme les violes dont ils descendent, les violons forment toute une famille : suivant la partie qu'on leur confie, on distingue les premiers des deuxièmes violons. Ils constituent le cœur de l'orchestre. Ils sont accompagnés par les **altos**, grands violons accordés une quinte plus bas (*do, sol, ré, la*), et par les **violoncelles**, accordés à l'octave inférieur. Ils sont la version moderne de la **viole de gambe**, et se jouent assis. Plus grave encore, la **contrebasse** est accordée en quartes (*mi, la, ré, sol*). On en joue debout. La volute de son manche dépassant la fosse d'orchestre des théâtres. Elle a été adoptée par toutes sortes de formations populaires et de jazz, où elle est généralement utilisée en pizzicato, c'est-à-dire sans archet, en pinçant directement les cordes avec les doigts.

1/Violon
2/Alto
3/Violoncelle
4/Contrebasse

La viole de gambe se tenait entre les jambes (d'où son nom) comme le violoncelle.

Manche de contrebasse

Violon à pique

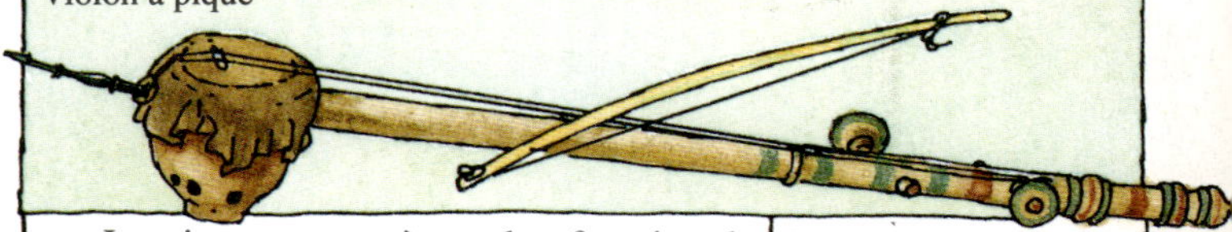

Les instruments à cordes frottées de la famille du violon sont universellement connus. En font partie les **violons à pointe** du Moyen -Orient et le **sarangi indien**.

L'homme absorbé croit qu'au-delà du chant du grillon rien ne peut-être perçu, mais il existe une mélodie immortelle, que peuvent saisir, le matin, à midi, la nuit, les oreilles qui savent ouïr…

Henry David Thoreau

On jouait, du Moyen Age à la Renaissance, d'un curieux instrument, la **trompette marine**, qui était en fait un grand monocorde. Elle présentait la particularité de posséder un chevalet à deux pieds, l'un reposant en équilibre instable et l'autre effleurant la table de l'instrument. Lorsqu'on frottait la corde avec l'archet, elle communiquait sa vibration au chevalet dont le pied libre martelait la caisse en produisant un bruit de trompette qui lui a valu son nom. On appelle aussi trompette le chevalet de la **vielle à roue** qui fonctionne sur le même principe. On jouait de la trompette marine en ne faisant qu'effleurer les cordes afin de ne produire que des sons harmoniques.

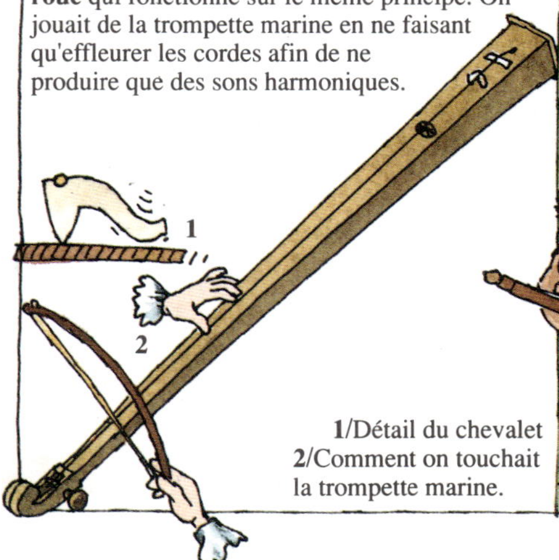

1/Détail du chevalet
2/Comment on touchait la trompette marine.

Le sarangi est l'équivalent indien du violon. Comme les **violes d'amour** occidentales, il possède des cordes sympathiques qui vibrent à l'unisson des cordes de jeu.

La vielle à roue

Comme le violon, la **vielle à roue** est un instrument à cordes frottées ; ici l'archet est remplacé par une roue enduite de colophane, mue par une manivelle. La roue fait sonner les chanterelles - 2 cordes mélodiques commandées par le clavier -, ainsi que les cordes d'accompagnement - les bourdons -, qui assurent une basse continue. La vielle à roue est un petit orchestre à elle seule puisqu'elle fournit la mélodie, son accompagnement et même la cadence. En effet, l'un de ses chevalets, le chien, permet au musicien, par des coups de poignet dans la rotation de la roue, de marquer des accents rythmiques.

La vielle à roue, qui était l'instrument des mendiants, entra au XVIIIe siècle dans les salons où elle fit fureur quelque temps. Après cet intermède précieux, elle retourna animer les danses villageoises.

Pourquoi réveilles-tu sur ces cordes rebelles
Ces notes de métal et ce clavier de voix?
A ton léger signal pourquoi ruissellent-elles
Comme des flots de sons écumant sous tes doigts?

Alphonse de Lamartine

Lorsque le vielleux appuie une touche, elle vient raccourcir les cordes par l'intermédiaire des sautereaux, petits becs de bois. La touche relâchée redescend mue par son propre poids.

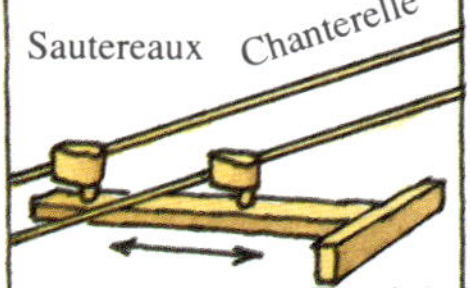

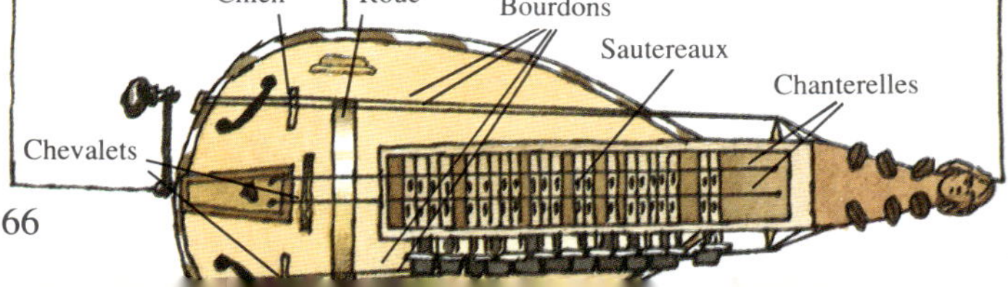

La cithare

1/ La cithare. Amélioration de la lyre, c'est une caisse de résonance plate tendue de cordes que l'on pince avec les doigts comme on le fait sur la harpe doucemère.
2/ Le psaltérion du Moyen Age était une cithare triangulaire que l'on jouait à l'archet, tandis que les **tympanons** et les **doucemères** étaient des instruments à cordes frappées.
3/ Le cymbalum hongrois est issu des tympanons et des doucemères. C'est une sorte de piano sans clavier, dont on frappe directement les cordes.
4/ Le dulcimer. Son nom vient de doucemère. Cet instrument populaire proche parent de **l'épinette des Vosges** se joue avec un plectre.

Quand la cithare s'arrêta, dehors la lune plongeait dans la rivière ;
Tous les bruissements cosmiques s'éteignirent tandis que s'immobilisaient les vibrations des sept cordes.

Houang Ting-Kien

2

1

3

4

Le clavicorde et l'épinette

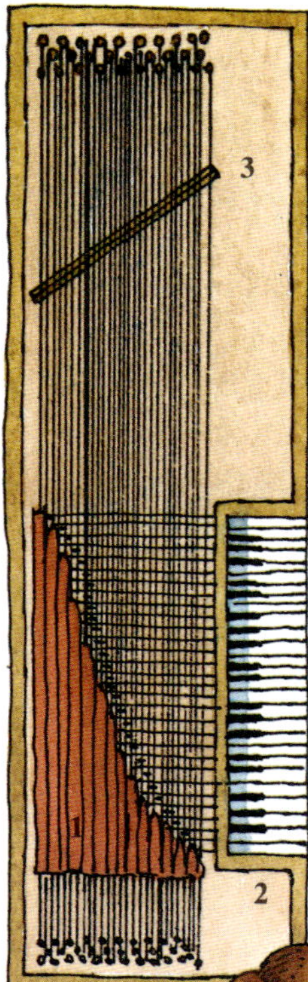

Le clavicorde, à cordes frappées, et l'épinette, à cordes pincées, sont tous deux des instruments à clavier : celui-ci permet de choisir parmi les cordes celles que l'on fera sonner.

Principe de fonctionnement du clavicorde
Chaque touche du clavier porte à son extrémité une lame qui vient frapper la corde. Seule sonne la partie de corde comprise entre la lame et le chevalet, l'autre partie étant rendue muette par un étouffoir en feutre.
Le son était très ténu et l'instrument, quoique très sensible, était réservé aux compositeurs ou aux répétitions des organistes.
Contrairement au clavicorde, l'**épinette**, que l'on posait sur une table, permettait de donner des récitals.

Clavicorde
1/ Etouffoirs en feutre
2/ Clavier
3/ Chevalet

L'épinette tient son nom des épines - en fait, des plumes de corbeaux - qui pincent les cordes, comme dans le cas du clavecin.

Le clavecin

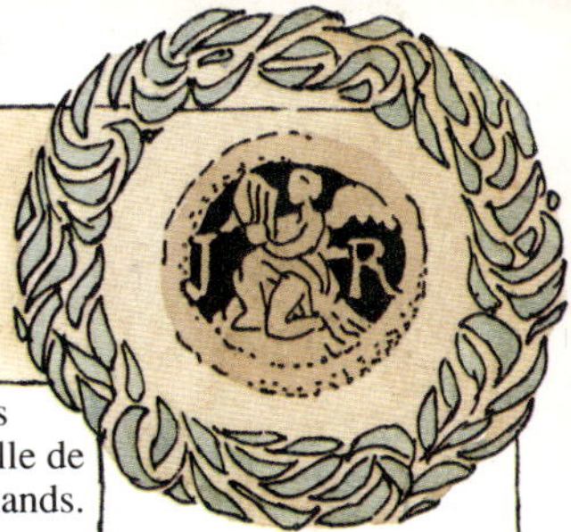

Marque de Ioannes Ruckers, l'un des membres de la célèbre famille de facteurs de clavecins flamands.

Le **clavecin** - de l'italien *clavicembalo* - est très répandu en Europe du XVe au XVIIIe siècle. C'est un instrument à cordes pincées qui n'autorise pas les nuances. C'est pourquoi on lui préférera le pianoforte qui, lui, pouvait jouer *piano* ou *forte*.

Pincement de la corde du clavecin

Quand la touche est appuyée, le sautereau «saute» et son plectre pince la corde.

Le sautereau redescend en basculant sans toucher la corde dont la vibration est arrêtée par l'étouffoir en feutre.

La sonorité claire et personnelle du clavecin lui vaut un regain d'intérêt de la part des interprètes, des compositeurs et même des facteurs qui lui apportent des aménagements possibles grâce aux techniques modernes.

Le piano

W. A. Mozart, qui joue ici à quatre mains avec sa sœur Nannerl, composait des pièces pour clavecin ou pianoforte.

Le **piano** est un instrument à clavier et à cordes frappées. En 1698, Bartolomeo Cristofori invente le «clavecin pouvant jouer doux et fort» - **pianoforte** -, mais ce n'est que cinquante ans plus tard que l'on se met à fabriquer des pianofortes, en forme de clavecin, d'épinette - le piano carré - ou à queue verticale - piano girafe.

Au début du XIXe siècle, le piano acquiert ses formes actuelles - queue, demi-queue, quart de queue, crapaud et piano droit -, il est prêt pour le romantisme.

LA LEÇON DE PIANO

Du blanc et du noir sur la page, en haut,
Du blanc et du noir encor sur les touches,
Du blanc et du noir... oh! le piano!
Je vois devant moi voler mille mouches.

Le grand tabouret est trop haut pour moi,
Mes deux petits pieds flottent dans l'espace,
Do ré mi fa sol. Mon Dieu! Quel émoi!
Et puis c'est si dur de rester en place!

Grande sœur, pourtant, dit que c'est gentil
Quand on peut jouer une sonatine.
«Il faut, dit maman, mordre à Clementi!»
J'aimerais mieux, moi, mordre une tartine.

Lucie Delarue-Mardrus

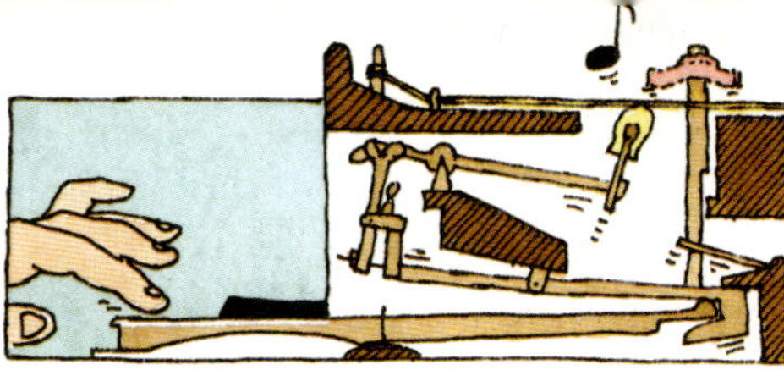

Au milieu du vaisseau est une estrade surélevée et sur l'estrade un très long piano à queue. (...)
L'océan de la fantaisie est dompté, aucune vague n'en sera assez audacieuse pour gâter le dehors du piano, chef-d'œuvre d'ébénisterie en palissandre miroitant, ni pour mouiller le feutre des marteaux et rouiller l'acier des cordes.

Charles Cros

Sébastien Erard (1752-1831), facteur de pianos français, invente le double échappement qui permet de jouer rapidement la même note sans avoir à attendre que le marteau soit revenu en place.

Les pédales - douce et forte - permettent d'atténuer ou d'amplifier le son.

Le piano à queue de concert est un grand vaisseau dont le virtuose, seul maître à bord, déchaîne et calme les tempêtes.

Les percussions mélodiques

Jeu de gongs thaïlandais

Dans les instruments de percussion le son est produit par le choc qui permet la vibration d'un corps sonore.

Si l'on dispose d'une série de corps sonores de même nature produisant des notes différentes, on peut jouer des mélodies. C'est le principe des verres que l'on remplit plus ou moins d'eau. Lorsqu'on les frappe - pas trop fort ! - à l'aide d'une baguette, ils rendent un son d'autant plus grave que le verre est plus plein.

Selon les époques et les pays, on a fabriqué toutes sortes d'échelles sonores.

En Thaïlande, ces échelles sont constituées de **gongs** de tailles différentes : les plus petits étant les plus aigus.

En Europe, le **glockenspiel** est formé d'une série de lames métalliques que l'on frappe avec des baguettes.

Le **célesta** ressemble à un piano dont les cordes seraient remplacées par des lames d'acier.

A Trinidad, dans les Antilles, les steel bands - orchestres de bidons - jouent sur des «tambours» faits de barils de pétrole. L'instrument est fabriqué de la manière suivante : on chauffe le fond du baril et on martèle une série de cuvettes de taille et de sonorité différentes

Inventé en 1929, le **vibraphone** est un grand glockenspiel. Un système électrique placé dans les résonateurs permet d'accentuer ou d'arrêter la vibration.

Jeu de verres

qui constituent l'échelle des sons. On en joue avec des baguettes.

Le **xylophone** est l'instrument le plus connu des percussions mélodiques. Son nom, d'origine grecque, indique que le corps sonore est en bois. Il est constitué d'une série de planchettes de tailles différentes. Le grand xylophone utilisé dans l'orchestre est muni de résonateurs cylindriques.

Les Africains jouent d'un xylophone dont les résonateurs sont faits de calebasses fixées sous les plaques sonores : c'est le **balafon**. C'est de lui sans doute que vient le **marimba** d'Amérique centrale, introduit par les esclaves noirs. C'est un grand xylophone dont les résonateurs en bois ressemblent à des tuyaux d'orgue et qui se joue à plusieurs musiciens.

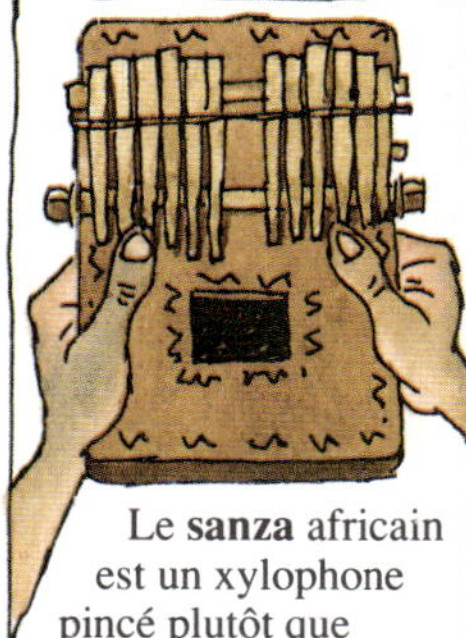

Le **sanza** africain est un xylophone pincé plutôt que frappé. Chaque lame produit une note quand on la pince avec le pouce. Sur certains sanzas, les lames sont métalliques.

On fait vibrer la lame d'acier de la **guimbarde** en la pinçant. On appuie l'instrument contre les dents, tandis que la bouche module et amplifie le son.

Balafon africain

Les cloches

La **cloche** des églises est un instrument au timbre très riche et portant très loin. Elle exprime la joie ou la tristesse suivant le rythme sur lequel elle est sonnée. Les paroisses qui disposent de plusieurs cloches, appelées alors carillons, les utilisent alternativement pour former des mélodies. Elles peuvent être exécutées par plusieurs sonneurs. Il existe des systèmes de cordes actionnant des marteaux qui frappent la cloche. On peut aussi maintenir le battant très proche de la cloche à l'aide d'une corde tendue ; une simple pression sur la corde fera tinter la cloche.

Carillon à marteau   Carillon à cordes tendues

Les éleveurs accrochent au cou des vaches des **clarines** qui indiquent où se trouve le troupeau. Les marins fixent des cloches sur les bouées flottantes destinées à indiquer la position des écueils par temps de brume.

Carillonneurs

Les sonnailles

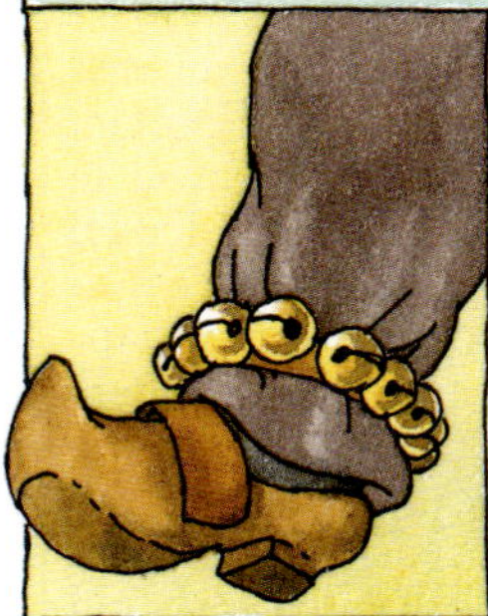

La **grelottière** est un bracelet de cuir sur lequel sont montés des grelots qui sonnent quand le musicien marque, du pied, la cadence.

Les **maracas**, hochets de calebasse dont les graines, secouées, produisent le son. On peut faire d'excellents maracas avec des boîtes à clous.

Le **sistre** est un hochet métallique. Il sonne quand on le secoue. Il déjà utilisé dans la liturgie égyptienne antique.

Une **bouteille** vide et deux petites **cuillers** font un sistre acceptable, ainsi qu'un bâton clouté de pièces trouées que l'on frappe sur le sol.

Les **sonnailles** sont de petites cymbales libres adjointes au **tambour de basque**.

Le **chapeau chinois** est un grand bâton muni de nombreuses clochettes. Il précédait jadis les fanfares.

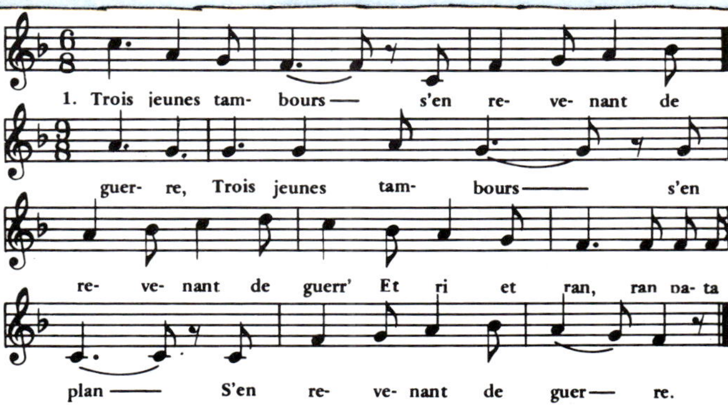

De tout temps, c'est le tambour qui a rythmé la marche au pas des militaires et qui les a menés au combat.

Les roulements du tambour servaient jadis à appeler les populations à se réunir pour prendre connaissance des avis proclamés par le «tambour de ville».

Dans la vie civile, le tambour participe aux festivités et préside aux réjouissances sous la baguette du tambourinaire provençal.

Le tambour

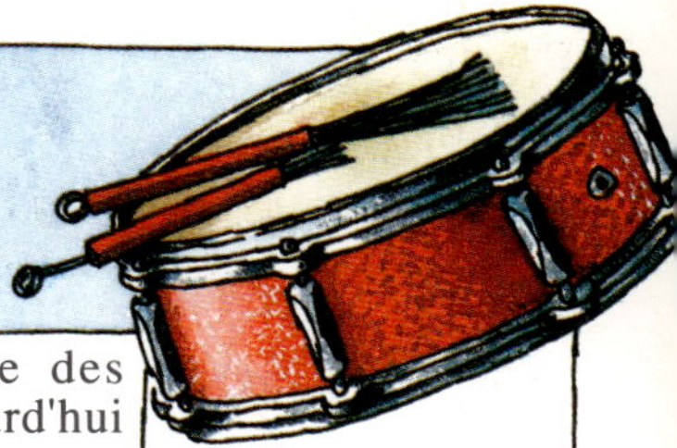

Le **tambour**, de la famille des «peaux», que l'on appelle aujourd'hui élégamment membranophones, est constitué d'un fût cylindrique sur lequel sont tendues deux peaux, jadis animales, de nos jours souvent en plastique. On bat le tambour avec des baguettes.

La **batterie** - sous - entendu, de tambours - est constituée de plusieurs éléments :
1/ La **caisse claire**, sur laquelle on exécute les roulements.
2/ Les deux **toms**, de taille et de sonorité différente, donnent un son mat.
3/ La **grosse caisse** est jouée au pied au moyen d'une pédale à ressort. Elle marque les temps forts.
4/ La **cymbale «charleston»**, à pédale, marque les contretemps.
5/ Les **cymbales**, sur pied, sont frappées à la baguette pour donner un rythme ou ajouter des accents.
6/ Une paire de **timbales cubaines** que certains batteurs adjoignent à ce matériel de base permet d'exécuter des traits nets et vifs.

On peut ajouter à la batterie toutes sortes d'accessoires comme des jeux de cloches, des gongs, des templeblocks, des woodblocks, etc.

La **caisse claire** est un tambour plat dont la peau inférieure est tendue de cordes - le timbre - qui vibrent à son contact et fournissent un grésillement qui amplifie et prolonge le son. Dans les morceaux doux et lents, on remplace souvent les baguettes par des «balais».

Les grands tambours

Tam-tam

Les grands tambours exotiques sont le plus souvent nommés **tam-tams** : ce nom recouvre une foule d'instruments de percussion, africains surtout, qui ont chacun leurs particularités, leurs fonctions et leurs jeux propres. Souvent liés à la religion, ils participent aux cérémonies, à la danse et peuvent même véhiculer des messages de proche en proche comme le faisaient jadis les cloches de nos églises.

Les guitares, les cithares,
Les tambours et le printemps,
Les vielles, les violes...
Maurice Fombeure

Bien que généralement placée à l'arrière de la fanfare, la **grosse caisse** en constitue le cœur battant. Elle l'annonce de loin par la puissance de son timbre. On en joue à l'aide de deux mailloches - maillets de feutre ou de liège - ou avec une seule, l'autre main du musicien étant alors occupée par l'une des **cymbales** qui complètent généralement la grosse caisse.

Les **timbales**, qui vont par paire, sont des tambours à une seule peau, en forme de gobelet. Chaque timbale est accordée dans la tonalité du morceau à exécuter.

De tout temps, les timbales ont figuré dans les musiques militaires de parade. Le timbalier est une des figures marquantes des fanfares de cavalerie : comme ses deux mains sont occupées par les baguettes, il dirige son cheval par des rênes reliées aux étriers.

Le *horse-guard* représenté ici est anglais, mais la garde républicaine française compte bien sûr, elle aussi, ses timbaliers.

Les **timbales d'orchestre**, au nombre de deux ou quatre, sont constituées d'une caisse hémisphérique en cuivre et d'une peau dont la tension est réglée par des tendeurs qui permettent au musicien de les accorder.

Le scherzo en rythme ternaire vient à peine de reprendre qu'il est tout à coup interrompu par un roulement lointain de la timbale sur ré bémol : après une dispersion rapide de tout l'orchestre, éclatent l'orage et la tempête avec leur tonnerre, leurs bruyantes averses, leurs éclairs.

Jean Chantavoine

Timbales marocaines en terre cuite

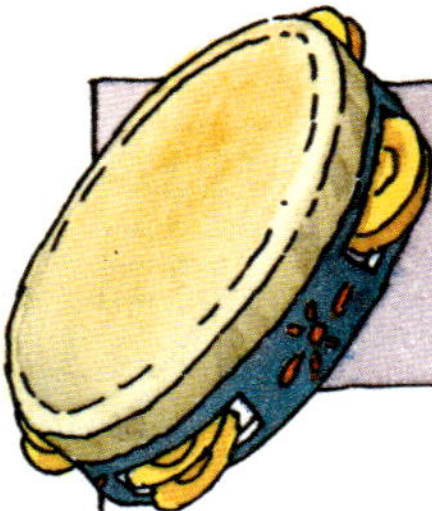

Le tambourin

Les tambourins sont de petits tambours ouverts à une seule peau.

Le feu joyeux pétillait ;
Le tambourin bourdonnait,
Grave et continu, comme le murmure
De la mer profonde, quand elle bat
Paisiblement contre les roches.
Frédéric Mistral

Le **tambour de basque** est utilisé à l'orchestre et dans les musiques populaires. Il a toujours accompagné les danses des jongleurs et des montreurs d'ours. Il est muni de sonnailles. On le frappe à la main ou contre sa cuisse.

Le **bodhran** irlandais est un grand tambourin que l'on tient par le croisillon qui maintient son cerclage. On en joue avec une courte baguette munie de deux boules.

Le **bendir** maghrébin est maintenu par la main dont le pouce passe dans un trou pratiqué dans le cadre, l'autre main frappant la peau munie de cordes vibrantes. La main qui tient l'instrument permet d'étouffer les sons.

1

Les tambours à friction

On peut produire des sons par frottement : avec une craie sur un tableau noir, avec un archet - enduit de colophane -, sur une corde, avec le doigt mouillé sur le bord d'un verre…

C'est le principe de fonctionnement des tambours à friction, comme le rommelpot, jadis utilisé en Europe, ou la cuica brésilienne. Du tambour, ils ont la caisse de résonance, tendue d'une peau. Au centre de celle-ci est fixée une baguette rigide - ou une ficelle. Lorsqu'on frotte la baguette avec les doigts humectés ou avec un chiffon humide, on provoque des crissements que l'instrument amplifie et transforme en meuglements modulés du plus curieux effet. Plus la peau est tendue par la traction exercée sur la baguette, plus le son devient aigu.

Cuica brésilienne

Le **glasharmonika** de B. Franklin fonctionnait comme le verre frotté : on effleurait le bord de verres humides mis en rotation mécaniquement.

1/ Le **rommelpot**, instrument de carnaval, était confectionné à partir d'une poterie ménagère tendue d'une vessie traversée par un bâton.
2/ La **scie musicale** est une égoïne que l'on plie en « S » et dont on joue avec un archet.
3/ La **crécelle.** Sa roue dentée pince une lame de bois sonore en produisant un craquement tonitruant.
4/ Le **washboard** est une planche à laver métallique que l'on gratte avec les doigts munis de dés à coudre. Elle tient lieu de batterie dans certains groupes de jazz Nouvelle-Orléans.

2

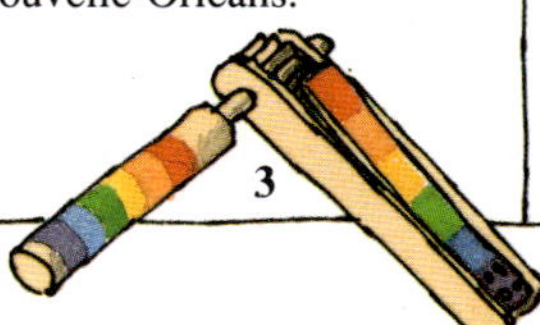

3

4

Les percussions métalliques

Triangle

Parmi les instruments de percussion métalliques, on peut distinguer ceux qui sont mis en vibration par le choc d'une baguette ou d'un battant - triangle, cloche -, de ceux qui sont entrechoqués - cymbales.

Trompette, sacquebutte
Fifre, psaltérion, tambour, cymbales, avec
Les clameurs des Romains font danser le soleil.
Ecoutez donc !

William Shakespeare

Le **triangle.** Son timbre perçant réussit à le faire entendre au milieu de l'orchestre symphonique. Sa portée sonore est telle qu'aux Etats-Unis on s'en servait pour appeler les pompiers lors des incendies ou pour remplacer la cloche et signaler aux cow-boys que le repas était prêt. Le triangle et sa baguette sont en acier.

Les **cymbales** sont connues depuis les Assyriens. Ce sont deux disques constitués d'un fil de cuivre enroulé et martelé. On les frappe l'un contre l'autre, provoquant ainsi le son le plus tonitruant de l'orchestre.

Les **cymbalettes** sont de toutes petites cymbales. Dans de nombreuses liturgies, orientales en particulier, elles accompagnent et rythment les chants et les psalmodies. Dans certains pays, elles sont utilisées comme des castagnettes, nouées au pouce et au médius de chacune des mains des danseuses.

Cymbales

Cymbalettes

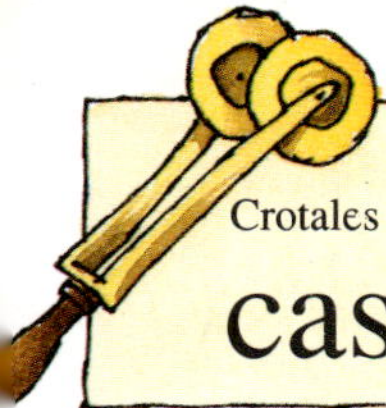
Crotales

Les castagnettes

Parmi les instruments de percussion, le jeu de certains instruments utilise le principe du rebond de deux corps sonores maintenus ensemble à l'une de leurs extrémités, l'autre restant libre.

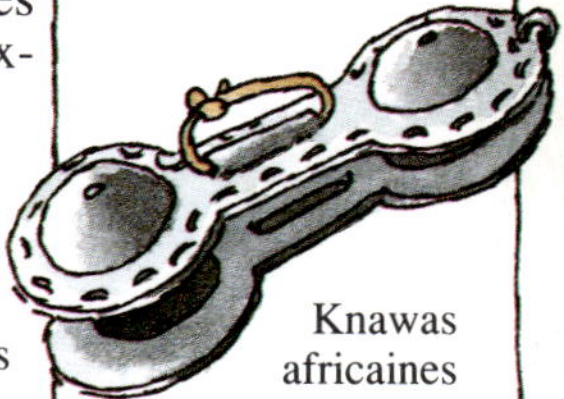
Knawas africaines

Les **crotales**, métalliques, servent de sonnette dans les églises coptes. Elles sont constituées de deux cymbalettes réunies par une fourche souple. Elles descendent directement des sistres égyptiens antiques et doivent leur nom au son qu'elles produisent, proche de celui du serpent à sonnette, le crotale.

Les **knawas** africaines sont de grandes castagnettes métalliques qui soutiennent les sections de tambourins et de tam-tams.

Castagnettes

Les **castagnettes** tiennent leur nom du bois de châtaignier dont elles sont constituées. Ce sont deux disques de bois évidés, reliés par un fil, que les danseuses de flamenco espagnoles font rebondir entre leurs doigts et la paume de la main pour produire des roulements qui accompagnent la danse et la musique. A l'orchestre, on utilise plutôt des castagnettes emmanchées pour donner un caractère espagnol à certains morceaux.

Les **cuillers**. Si l'on ne dispose pas de castagnettes on peut les remplacer par deux cuillers à soupe que l'on fait rebondir entre sa cuisse et sa main.

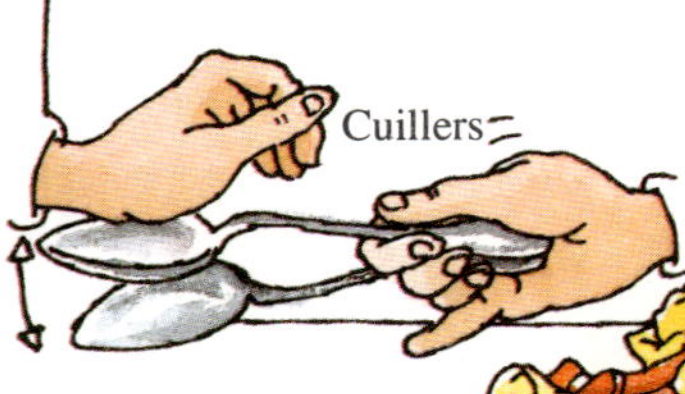
Cuillers

Les instruments mécaniques

Coucou suisse

Les jacquemarts de Saint-Marc à Venise

Dans les instruments de musique mécaniques, le facteur programme une mélodie qui sera exécutée par une machine et déclenchée par un système d'horlogerie.

Le **réveille-matin**. C'est le plus connu - et le plus désagréable - des instruments de musique mécaniques. A une heure déterminée à l'avance, il fait entendre sa sonnerie. Le **coucou suisse**, déjà plus riche, produit deux notes.

Les **jacquemarts**. Commandés eux aussi par une horloge, ils frappent une cloche pour marquer les heures. A Strasbourg, l'horloge astronomique du XVIe siècle commande des automates, qui frappent des timbres, jouent de la trompette, et même un coq qui chante en battant des ailes!

Les **boîtes à musique**. De dimensions plus modestes, elles sont constituées d'un cylindre hérissé de pointes qui font vibrer des lames d'acier produisant ainsi les notes de petits airs aigrelets mais charmants.

L'**ariston** du XIXe siècle. C'est une boîte à musique à rouleaux ou à disques perforés qui met en jeu de petits tuyaux d'orgue ou des anches libres. On peut changer de disque comme sur un phonographe.

Mécanisme d'une boîte à musique

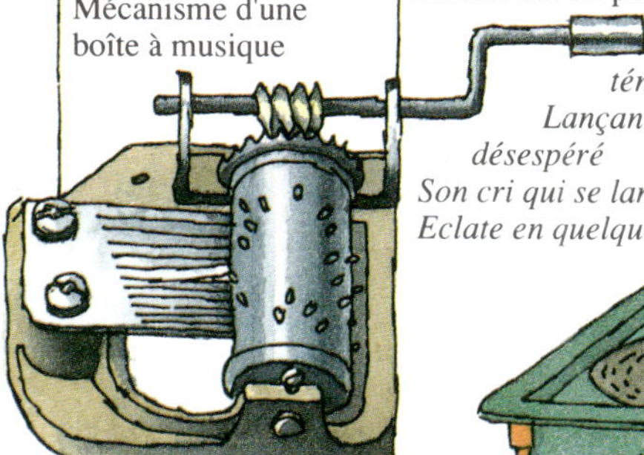

... Tout à coup, ainsi qu'un ténor effaré
Lançant dans l'air bruni son cri désespéré
Son cri qui se lamente et se prolonge et crie,
Eclate en quelque coin l'orgue de Barbarie.

Paul Verlaine

Ariston

L'orgue de Barbarie

L'**orgue de Barbarie** tiendrait son nom d'un certain Barberi qui construisait de tels instruments en Italie. C'est un orgue portatif dont les tuyaux, au lieu d'être commandés par un clavier, le sont par des cartons perforés; chaque trou, en passant par le cylindre, déterminera le son d'un tuyau.

Les **orgues de foire** fonctionnent sur le même principe et sont souvent pourvues d'automates qui assurent les percussions.

La guitare électrique

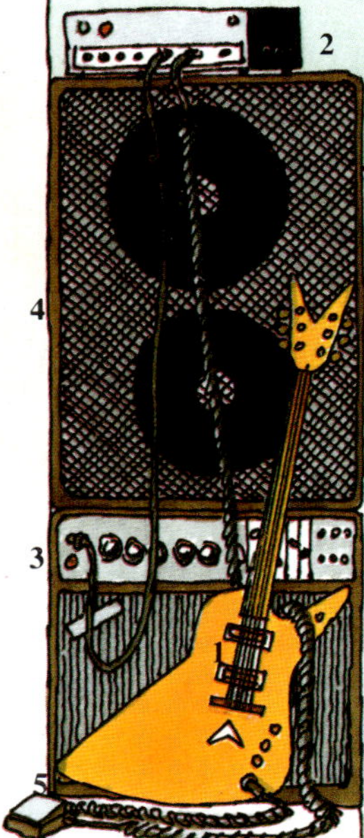

Dans les années 50-60, la vogue mondiale du rock and roll impose des groupes composés de quatre ou cinq musiciens jouant d'instruments à cordes soutenus par une batterie. Ces groupes seraient restés des orchestres de chambre sans les progrès de l'électronique qui ont permis leur amplification. Ils pouvaient désormais se produire devant plusieurs dizaines de milliers d'auditeurs.

La **guitare électrique** se distingue de la guitare acoustique parce qu'elle ne possède pas de caisse de résonance.

La table de la guitare électrique qui peut avoir n'importe quelle forme ne sert qu'à porter les cordes et leurs micros.

1/ Les **micros** enregistrent les vibrations des cordes et les transforment en impulsions électriques.

2/ Le **préamplificateur** filtre ces impulsions.

3/ L'**amplificateur** les amplifie et les transmet aux hauts-parleurs.

4/ Les **haut-parleurs** transforment les impulsions électriques en vibrations audibles. On peut à volonté ajouter des systèmes de modification du son tels que pédale **wah wah (5)** ou **chambres d'écho** ou de **distorsion**. On utilise un matériel similaire pour les **guitares basses** accordées comme une contrebasse, pour les violons et même pour les instruments à anche.

Jimi Hendrix
électrisant les foules

Le synthétiseur

On électrifie également les instruments à clavier. Les orgues et pianos électriques, transportables, sont d'autant plus appréciés qu'on y adjoint généralement une boîte à rythme dont les schémas rythmiques programmés facilitent l'exécution et fournissent un accompagnement. On les utilise dans la musique de rock et de variétés.

Orgue électronique

L' **orgue électronique**, par l'intermédiaire de son clavier, produit des signaux électroniques traités par des amplificateurs, pour produire des sons transmis par le haut-parleur. On peut mettre celui-ci hors circuit, et le remplacer par un casque afin de travailler sans déranger l'entourage.

Synthétiseur de sons

Le **synthétiseur de sons** est un instrument réellement original. Il permet, au moyen d'oscillateurs, d'appareils de bruitage ou de prises de sons extérieurs, de créer des sons nouveaux et «inouïs» ou de reconstituer des sons naturels.
Son champ d'expression semble illimité : c'est celui de la musique électro-acoustique, dans laquelle le compositeur-exécutant, seul avec son «orchestre électronique», peut tout essayer, tout contrôler.
Peut-être qu'au lieu de se réunir comme on le faisait jadis pour jouer de la musique ensemble, demain, s'isolera-t-on pour faire chacun sa musique!

Il est un air pour qui je donnerais
Tout Rossini, tout Mozart et tout Weber
Un air très vieux, languissant et funèbre
Qui pour moi seul a des charmes secrets!

Gérard de Nerval

Le petit lexique des instruments de musique

Anche
Languette vibrante qui produit les sons de certains instruments à vent : clarinette, cornemuse, accordéon et certains tuyaux d'orgue. L'anche est simple ou double (hautbois), elle est en roseau ou en métal.

Arpège
Ensemble des notes d'un accord que l'on fait sonner successivement.

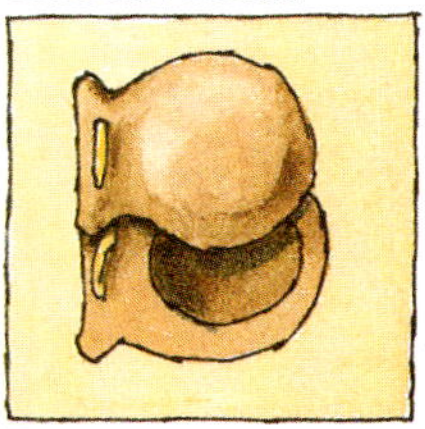

Bocal
Embouchure ou tuyau portant l'anche de certains instruments à vent, et que l'on prend dans la bouche, d'où le nom.

Bottelneck
Goulot de bouteille ou tube métallique dans lequel certains guitaristes glissent l'index de la main gauche pour produire des sons de guitare hawaiienne.

Brigadier
Instrument de percussion : bâton dont on frappe trois coups sur le plancher des théâtres pour annoncer le début de la représentation.

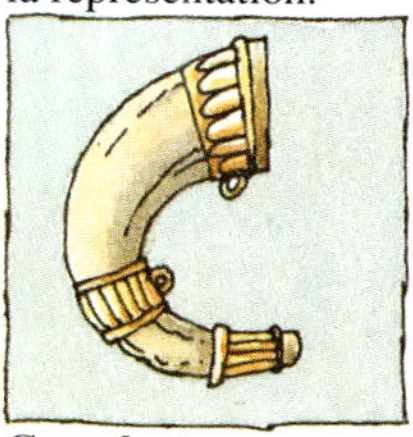

Capodastre
Petit appareil que l'on dispose sur le manche des guitares et qui, en serrant toutes les cordes, en élève la tonalité.

Chanteur
Sur les cornemuses on appelle chanteur le ou les tuyaux sur lesquels on joue la mélodie.

Chromatique
Une gamme ou un instrument sont chromatiques quand ils comportent la succession complète des demi-tons.

Colophane
Résine dont on frotte les crins des archets pour amplifier la production du son.

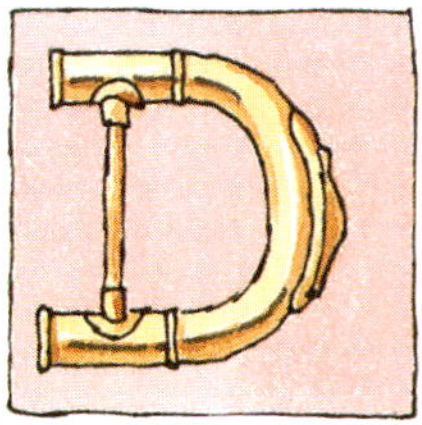

Diatonique
Un instrument est dit diatonique quand il ne joue que les degrés naturels de la gamme, à l'exclusion des dièses et des bémols.

Etouffoir
Dispositif permettant d'arrêter l'émission d'un son (clavecin, piano...).

Exécutant
Musicien qui exécute (joue) un morceau de musique.

Facteur
Celui qui "fait" (construit) des instruments de musique.

Fanfare
Ensemble de cuivres souvent soutenus par des tambours et une grosse caisse.

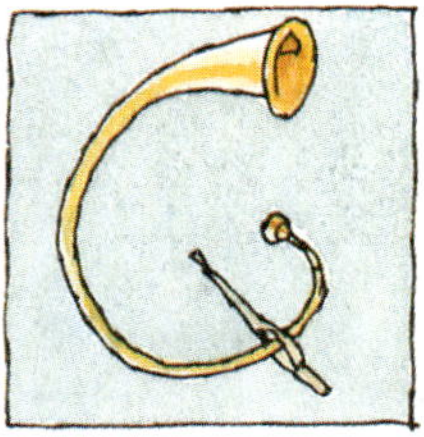

Galoubet
Sorte de flûte à bec utilisée dans le Midi de la France. Il ne comporte que trois trous de jeu et se tient d'une seule main.

Gamme
Ensemble des notes de l'octave. *Do*, *ré*, *mi*, *fa*, *sol*, *la*, *si*, *do* forment la gamme diatonique de *do*.

Harmonie
Science des accords (ensemble de notes sonnant simultanément). C'est aussi le nom donné aux orchestres de défilé qui ne comportent pas d'instruments à cordes.

Harmoniques (sons)
Sons complémentaires d'un son principal et qui en font la richesse.

Idiophone
Tout instrument dont le son est produit par la vibration de l'instrument lui-même.

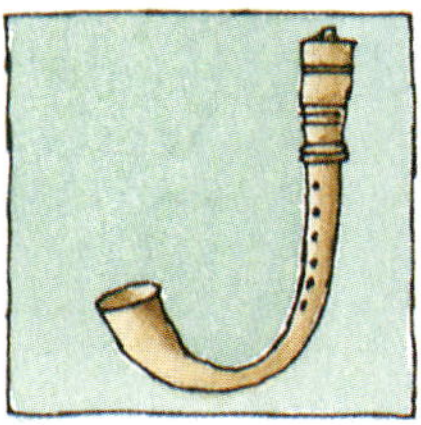

Jazzo-flûte
Flûte à coulisse dont le son est modulé par un piston que l'on tire plus ou moins.

Kazoo
Nom anglais du mirliton appelé jadis "eunuque" ou "flûte à l'oignon"

Kena
Flûte d'Amérique du Sud dont le son est produit par le souffle du musicien dirigé sur le biseau d'une encoche pratiquée dans le bord de l'instrument.

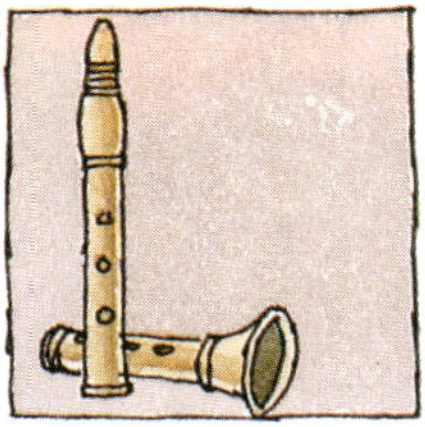

Launeddas
Clarinette double utilisée en Sardaigne, et que l'on peut assimiler à une cornemuse, puisqu'on en joue en souffle continu (en inspirant par le nez et en

soufflant par la bouche, les joues faisant office de réserve d'air).

Lumière
Nom donné à l'orifice muni d'un biseau, qui produit le son des flûtes à bec.

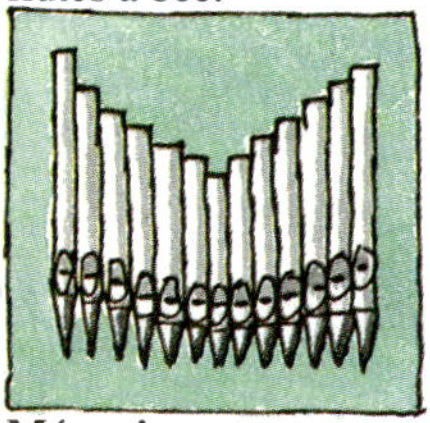

Mécanique
Système de tension des cordes, qui a remplacé les chevilles sur les guitares, par exemple.

Médiator
Petite palette d'écaille ou de plastique servant à pincer les cordes de la guitare ou de la mandoline.

Melodica
Instrument de la famille de l'harmonica, dans lequel on souffle comme dans une flûte, et où les notes sont commandées par un clavier.

Mélodie
Ensemble de notes jouées successivement pour former un air. Les instruments mélodiques exposent le thème, les instruments harmoniques l'accompagnent par des accords.

Membranophone
Instrument dont le son est produit par la vibration d'une membrane.

Nacaires
Petites timbales utilisées dans la musique médiévale.

Octave
Intervalle séparant deux notes de même nom et de hauteur différente.

Ophicléide
Gros instrument à vent, à embouchure, en cuivre, muni de clés à tampons comme un saxophone, utilisé au XIXe siècle dans les fanfares militaires et dans les églises, où il remplaça le serpent.

Organiste
Musicien qui joue de l'orgue.

Organologie
Science des instruments de musique.

Orphéon
A l'origine, ensemble vocal, devenu synonyme de fanfare ou d'harmonie.

Perce
Dimension inférieure d'un tuyau sonore. La perce peut être conique ou cylindrique.

Pochette
Minuscule violon dont se servaient jadis les maîtres à danser et que l'on pouvait glisser dans la poche.

Quatuor
Ensemble de quatre musiciens, ou pièce de musique écrite pour quatre exécutants.

Quintette
Ensemble de cinq musiciens, ou pièce

de musique écrite pour cinq exécutants; désigne aussi les "cordes" de l'orchestre : 1er violon, 2e violon, alto, violoncelle et contrebasse.

Récital
Manifestation musicale donnée par un seul musicien, sur un seul instrument.

Son
Vibration de l'air perçue par l'oreille. Un son est déterminé par son intensité, sa hauteur et son timbre.

Sonner
Employé comme synonyme de jouer pour certains instruments : on sonne du cor.

Sourdine
Accessoire permettant de réduire le volume sonore d'un instrument. La sourdine du violon est un petit peigne qui se place sur le chevalet, celle de la trompette se place dans le pavillon qu'elle bouche partiellement.

Tessiture
C'est l'intervalle de notes dans lequel une voix ou un instrument sonne le mieux. La tessiture du piano (plus de 7 octaves) est plus étendue que celle de la flûte (2 octaves).

Timbre
On ne confond pas le *la* d'un violon et celui d'une trompette : c'est que les deux instruments ont un "timbre" différent. Celui-ci est principalement caractérisé par le nombre de sons harmoniques qu'il contient et par le mode d'attaque et d'émission du son. On appelle aussi "timbre" les cordes tendues sur la peau des tambours pour produire un grésillement.

Ton (ou corps)
Portion de tube amovible que l'on ajoute après l'embouchure des instruments de cuivre pour en changer la tonalité.

Ton (ou tonalité)
Gamme dans laquelle est écrit ou joué un morceau de musique. Les instruments diatoniques ne peuvent pas jouer dans toutes les tonalités.

Oûd (ou üd)
Luth du Moyen-Orient et d'Afrique du Nord.

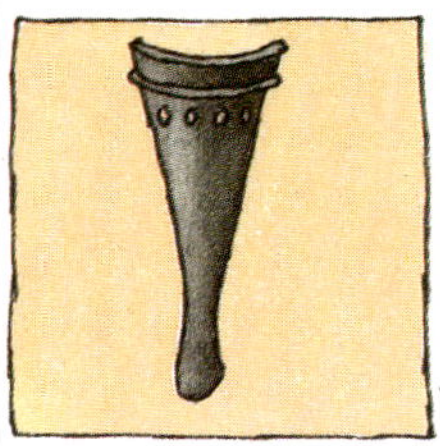

Vièle (ou vielle)
Désignait au Moyen Age les instruments à cordes frottées dont sont issus la viole, puis le violon.

Index des instruments de musique

Biographies

Enfant précoce, **Roland Sabatier** commence sa carrière musicale en 1942. Il devient vite virtuose du hochet, puis se tourne vers l'entonnoir de fer-blanc, les cuillers à purée et les poêles à frire, avant d'étudier les crécelles et même le sifflet à roulette.

Plus tard, il figurera dans le personnel de plusieurs fanfares des Beaux-Arts au pupitre des trombones (à pistons) puis des hélicons (en mi *mi* bémol). Enfin, au grand désespoir de son entourage, il entreprend d'explorer les ressources nasillardes de la cabrette : cornemuse auvergnate qui corne plus qu'elle n'amuse.

Claudine, quant à elle, s'est attaquée toute jeune au violon, mais c'est ce dernier qui a gagné. Elle se reconvertit dans les percussions, et c'est avec sa grosse caisse et ses cymbales qu'elle participe à plusieurs tournées internationales.

Elle a pris beaucoup de plaisir à réaliser les couleurs de ce livre car, pendant que Roland dessinait ses instruments, il n'avait pas le temps de souffler dedans.

Table des poèmes
9. Charles Baudelaire (*Richard Wagner et Tannhauser*, 1861).**16.** Jacques Charpentreau (*La Ville enchantée*, Ed. de l'Ecole, 1976). **27.** Francis Carco (*La Bohême et mon cœur*, Albin Michel, 1939). **33.** Henri de Régnier (*La Corbeille des heures*, Mercure de France, 1932). **34.** Charles Baudelaire (*Les Fleurs du mal*). **36.** Stéphane Mallarmé (*L'Eglogue*, 1865). **41.** Norge (*Le Gros gibier*, Seghers, 1953). **43.** Robert Goffin (*Le Voleur de feu*). **50** John Dryden (Trad. L. Cazamian, Anthologie de la poésie anglaise, Stock, 1946). **52.** Houang Ting-Kien (*Anthologie de la poésie chinoise classique*, Gallimard, 1962). **65.** Henry David Thoreau (*Un philosophe dans les bois*, Journal). **70.** Lucie Delarue-Mardrus (*Poèmes mignons*). **78.** Maurice Fombeure (*A dos d'oiseau*, Gallimard, 1945). **79.** Jean Chantavoine (*Beethoven*, Alcan). **80.** Frédéric Mistral (*Mircio*, Grasset-Fasquelle, 1968).